EMPRESAS MILITARES PRIVADAS E A TERCEIRIZAÇÃO DA GUERRA

Reexaminando a Lógica Política Rumo à Paz

Renan de Souza
Prefácio pelo Prêmio Nobel da Paz Óscar Arias Sánchez

RENAN DE SOUZA

EMPRESAS MILITARES PRIVADAS E A TERCEIRIZAÇÃO DA GUERRA
REEXAMINANDO A LÓGICA POLÍTICA RUMO À PAZ

Editora CRV
Curitiba – Brasil
2025

Copyright © da Editora CRV Ltda.
Editor-chefe: Railson Moura
Diagramação e Capa: Designers da Editora CRV
Imagem de Capa: Freepik
Revisão: O Autor

DADOS INTERNACIONAIS DE CATALOGAÇÃO NA PUBLICAÇÃO (CIP)
CATALOGAÇÃO NA FONTE
Bibliotecária responsável: Luzenira Alves dos Santos CRB9/1506

S719

Souza, Renan de
    Empresas Militares Privadas e a Terceirização da Guerra: Reexaminando a Lógica Política Rumo à Paz / Renan de Souza – Curitiba: CRV, 2025.
120 p.

    Bibliografia
    ISBN Digital 978-65-251-6949-1
    ISBN Físico 978-65-251-6951-4
    DOI 10.24824/978652516951.4

    1. Relações Internacionais 2. Políticas militares 3. Estudos de Guerra 4. Estudos de Paz 5. Economia 6. Direito I. Título II. Série.

CDU 355.02   CDD 355.35
Índice para catálogo sistemático
1. Políticas Militares: 355.35

2025
Foi feito o depósito legal conf. Lei nº 10.994 de 14/12/2004
Proibida a reprodução parcial ou total desta
obra sem autorização da Editora CRV
Todos os direitos desta edição reservados pela Editora CRV
Tel.: (41) 3029-6416 – E-mail: sac@editoracrv.com.br
Conheça os nossos lançamentos: **www.editoracrv.com.br**

Conselho Editorial:

Aldira Guimarães Duarte Domínguez (UNB)
Andréia da Silva Quintanilha Sousa (UNIR/UFRN)
Anselmo Alencar Colares (UFOPA)
Antônio Pereira Gaio Júnior (UFRRJ)
Carlos Alberto Vilar Estêvão (UMINHO - PT)
Carlos Federico Domínguez Avila (Unieuro)
Carmen Tereza Velanga (UNIR)
Celso Conti (UFSCar)
Cesar Gerónimo Tello (Univer. Nacional Três de Febrero - Argentina)
Eduardo Fernandes Barbosa (UFMG)
Eduardo Pazinato (UFRGS)
Elione Maria Nogueira Diogenes (UFAL)
Elizeu Clementino de Souza (UNEB)
Élsio José Corá (UFFS)
Fernando Antônio Gonçalves Alcoforado (IPB)
Francisco Carlos Duarte (PUC-PR)
Gloria Fariñas León (Universidade de La Havana - Cuba)
Guillermo Arias Beatón (Universidade de La Havana - Cuba)
Jailson Alves dos Santos (UFRJ)
João Adalberto Campato Junior (UNESP)
Josania Portela (UFPI)
Leonel Severo Rocha (UNISINOS)
Lídia de Oliveira Xavier (UNIEURO)
Lourdes Helena da Silva (UFV)
Luciano Rodrigues Costa (UFV)
Marcelo Paixão (UFRJ e UTexas - US)
Maria Cristina dos Santos Bezerra (UFSCar)
Maria de Lourdes Pinto de Almeida (UNOESC)
Maria Lília Imbiriba Sousa Colares (UFOPA)
Mariah Brochado (UFMG)
Paulo Romualdo Hernandes (UNIFAL-MG)
Renato Francisco dos Santos Paula (UFG)
Sérgio Nunes de Jesus (IFRO)
Simone Rodrigues Pinto (UNB)
Solange Helena Ximenes-Rocha (UFOPA)
Sydione Santos (UEPG)
Tadeu Oliver Gonçalves (UFPA)
Tania Suely Azevedo Brasileiro (UFOPA)

Comitê Científico:

Ana Maria Ferreira Menezes (UNEB)
Angelo Aparecido Priori (UEM)
Arnaldo Oliveira Souza Júnior (UFPI)
Carlos Ugo Santander Joo (UFG)
Claudio Lorenzo (Université de Sherbrooke, USherbrooke, Canadá)
Dagmar Manieri (UFT)
Edison Bariani (FCLAR)
Elizeu de Miranda Corrêa (PUC/SP)
Fauston Negreiros (UFPI)
Fernando Antonio Gonçalves Alcoforado (Universitat de Barcelona, UB, Espanha)
Giovani José da Silva (UNIFAP)
José de Ribamar Sousa Pereira (Exército Brasileiro/Ministério da Defesa)
Kelly Cristina de Souza Prudencio (UFPR)
Liv Rebecca Sovik (UFRJ)
Marcelo Paixão (UFRJ e UTexas - US)
Marcos Aurelio Guedes de Oliveira (UFPE)
Maria Schirley Luft (UFRR)
Mauro Guilherme Pinheiro Koury (UFPB)
Renato Jose Pinto Ortiz (UNICAMP)
Ricardo Ferreira Freitas (UERJ)
Rubens Elias da Silva (UFOPA)
Sergio Augusto Soares Mattos (UFRB)
Silvia Maria Favero Arend (UDESC)
Sonia Maria Ferreira Koehler (UNISAL)
Suyanne Tolentino de Souza (PUC-PR)

Este livro passou por avaliação e aprovação às cegas de dois ou mais pareceristas *ad hoc*.

AGRADECIMENTOS

Antes de mais nada, gostaria de agradecer a Deus e ao Universo por poder ter experiências tão incríveis depois de visitar mais de 70 países em todo o mundo, adquirindo habilidades e sabedoria que estão transformando a pessoa que sou em um verdadeiro profissional de Relações Internacionais.

Em segundo lugar, gostaria de expressar minha gratidão ao *Foreign, Commonwealth and Development Office (FCDO)*, que me concedeu uma bolsa de estudos *Chevening* para fazer mestrado em Relações Internacionais na *Goldsmiths, University of London*. Ao final desse ano extraordinário – e um dos mais incríveis da minha vida –, só posso agradecer a cada pessoa que conheci e que cruzou minha vida durante essa jornada, fazendo com que eu crescesse e me tornasse mais maduro, tanto em nível acadêmico quanto pessoal.

Além disso, devo estender minha gratidão à minha família, amigos e ex-gerentes, que me apoiaram e acreditaram em mim desde o início. Sem dúvida alguma, posso dizer que este é apenas o começo de minha jornada. Sonho em atuar globalmente para mudar a vida e a realidade das pessoas e tornar o mundo mais justo, responsável e acolhedor para todos, independentemente de raça, gênero, formação ou crença religiosa. A conclusão do meu mestrado, que ampliou minha compreensão, meu conhecimento e meu pensamento crítico, é exatamente o impulso de que eu precisava para continuar.

A todos vocês, gostaria de expressar minha sincera gratidão!

Portanto, gostaria de dedicar este trabalho a todos os acadêmicos, pesquisadores e estudiosos, especialmente aqueles pertencentes a grupos minoritários como eu, que estão superando uma variedade de barreiras para produzir trabalhos científicos de ponta.

"Se você quer fazer as pazes com seu inimigo, você tem que trabalhar com seu inimigo. Assim, ele se torna seu parceiro."
ex-presidente sul-africano Nelson Mandela

SUMÁRIO

PREFÁCIO 1 13
Óscar Arias Sánchez

PREFÁCIO 2 27
Jelena Aparac

INTRODUÇÃO 31

1. A TRANSFORMAÇÃO DA GUERRA EM UM TERRENO FÉRTIL PARA AS PMCS 35

2. AS PMCS COMO UMA POSSÍVEL AMEAÇA À ORDEM INTERNACIONAL.. 53

3. A *BLACKWATER* RETRATADA COMO UMA AMEAÇA À SEGURANÇA.. 67

4. CONCEITUAÇÃO DE GUERRA E PAZ.................................. 77

5. EMERGÊNCIAS POLÍTICAS COMPLEXAS, NOVAS GUERRAS, ATORES ESTATAIS E NÃO ESTATAIS 81

6. A LUTA PELA PAZ EM UMA SITUAÇÃO POLÍTICA E ECONÔMICA COMPLEXA NO AFEGANISTÃO...................... 89

CONCLUSÕES 95

POSFÁCIO 99
Fawzia Koofi

ISENÇÃO DE RESPONSABILIDADE 103

REFERÊNCIAS.. 105

ÍNDICE REMISSIVO 115

SOBRE O AUTOR 117

PREFÁCIO 1

É hora de paz

Não há nada que eu ame mais do que uma vitória improvável pela paz. Eu sei o que é ser o azarão. Sei o que é ter as chances contra mim. Sei o que é ser considerado um sonhador, fora de contato com a realidade. Sei até como é entrar nas Nações Unidas com esse sentimento. Quando me dirigi pela primeira vez às Nações Unidas como presidente da Costa Rica, há algumas décadas, eu estava em uma missão que muitas pessoas acreditavam que nunca teria sucesso. Eu estava lá para defender um acordo de paz que havia redigido em resposta à violência que assolava minha região. Assumi meu lugar diante do microfone com as esperanças e os sonhos de milhões de costarriquenhos e centro-americanos sobre meus ombros, mas sabia que minhas palavras enfrentariam a oposição de ambas as superpotências mundiais que estavam usando minha região em uma guerra por procuração.

As chances estavam contra mim, mas mesmo assim o Acordo de Paz da América Central se tornou realidade. Ele enfrentou oposição, mas ganhou o apoio de muitas pessoas nas Nações Unidas, de líderes de todo o mundo, de mulheres e homens comuns que passaram a acreditar no potencial da América Central para resolver seus próprios problemas. O Acordo de Paz foi finalmente assinado pelos presidentes da América Central em 7 de agosto de 1987. O tiro no escuro atingiu seu alvo.

Quase trinta anos depois, vi outro esforço pela paz vencer as probabilidades nas Nações Unidas. Durante décadas, observei o fluxo descontrolado de armas leves e de pequeno porte em nossa região – e em quase todos os países do mundo em desenvolvimento –, o que desencadeou violações dos direitos humanos globalmente. Mesmo em regiões como a minha, que trabalham arduamente para manter a paz, essas armas não regulamentadas estavam destruindo milhões de vidas. É por isso que, em 1997, junto com outros ganhadores do Prêmio Nobel da Paz, iniciei um esforço para estabelecer um Tratado de Comércio de Armas abrangente, que proibiria a transferência de armas para Estados, grupos ou indivíduos, se houver motivos suficientes para acreditar que essas armas poderiam ser usadas para violar os direitos humanos ou o Direito Internacional.

Eu era um pouco mais velho e muito mais experiente, mas não havia dúvida: Eu era o azarão mais uma vez. O Tratado sobre o Comércio de Armas foi o mais longo dos longos riscos. Ele enfrentou a oposição de alguns dos países mais poderosos do mundo. Nunca pensei que veria esse tratado se tornar realidade em minha vida. Fiquei surpreso e emocionado quando, após mais de quinze anos de trabalho árduo, o Tratado de Comércio de Armas foi finalmente aprovado nas Nações Unidas e entrou em vigor em 2014. O tratado é a maior contribuição para a humanidade que meu país fez até hoje, possibilitada pela colaboração de governos, organizações e indivíduos de países de todo o mundo.

Os dois momentos de maior orgulho de minha vida foram vitórias improváveis em prol da paz – e ambos os caminhos passaram pelas Nações Unidas. Talvez seja por isso que eu goste tanto da história por trás da Declaração Universal dos Direitos Humanos. Ela também foi uma resposta à guerra e à violência. Também foi uma tentativa de encontrar um ponto em comum entre os diversos interesses de várias nações – e não apenas das nações de uma região, mas da maioria das nações da Terra.

Os terríveis eventos passados da história humana nos lembraram, de forma muito dramática, que todos nós somos vulneráveis às violações dos direitos humanos. Vimos com uma clareza sem precedentes que as afrontas aos direitos humanos não são preocupação de uns poucos desafortunados, mas sim uma preocupação universal. Vimos que os direitos humanos podem ser ameaçados não apenas em uma zona de guerra ou em um país devastado pela pobreza extrema, mas também no mundo desenvolvido, em democracias estabelecidas, em lugares que outras nações consideram um exemplo.

Vimos países e regiões que ultrapassaram o limiar da democracia, como a Venezuela, voltarem à dor, ao sofrimento e à opressão. Assistimos ao surgimento de movimentos populistas em todo o mundo que buscam limitar os direitos dos migrantes, de minorias raciais, da comunidade LGBTQIAPN+. Observamos que o ódio e a violência parecem se espalhar como uma doença, passando de uma manchete para outra e pelas mídias sociais que nos unem. Vimos o impacto crescente da mudança climática em nossas comunidades, cujas consequências para a saúde humana e os direitos humanos nos próximos anos serão profundas.

O mundo também está observando como as lutas e os conflitos sobre direitos humanos ocupam o centro do palco nos Estados Unidos, um farol de democracia para muitos outros países do mundo. Assistimos a expressões de fanatismo e racismo que horrorizaram pessoas de todo o espectro político. Vimos o renascimento de um tipo de ódio que pensávamos ter derrotado. Ainda não terminamos a estrofe final de "We Shall Overcome". Na verdade, parece que estamos retrocedendo. Devemos ser cuidadosos.

Olhe praticamente para qualquer lugar do mundo e você encontrará lugares onde a discriminação, a ignorância, o racismo e a desigualdade estão prosperando. Você pode ver que esses problemas não são contidos pelas fronteiras nacionais. Você pode ver que nenhum país está imune.

Esses desafios são reais. E são aterrorizantes. Mas a realidade é que, embora os riscos agora possam ser maiores e alguns dos perigos mais agudos, nenhuma dessas ameaças aos direitos humanos e à segurança humana é nova. Os grupos que são mais vulneráveis hoje em dia por causa de sua nacionalidade, religião, cor, gênero ou orientação sexual têm sido maltratados há séculos. Nossas democracias sempre foram frágeis.

Aqueles de nós cujos direitos fundamentais são geralmente respeitados correm o risco de esquecer tudo isso. Corremos o risco de nos tornarmos ignorantes. E quando se trata de direitos humanos, a ignorância não é uma bênção. A ignorância permite que a discriminação e a injustiça não sejam controladas até que se manifestem de uma forma que não possa ser ignorada: em uma manifestação de ódio, em um comício racista, em uma tragédia.

Se os recentes acontecimentos em todo o mundo abordaram essa ignorância e nos lembraram de nos unir, então a oportunidade que temos diante de nós é imensa. E a chave para esse esforço, a solução inquestionável, são professores e alunos, como Renan de Souza, que dedicou seus estudos à paz em seu livro *"Empresas Militares Privadas e a Terceirização da Guerra: Reexaminando a Lógica Política Rumo à Paz"*.

Alguns podem dizer que os professores devem permanecer livres de qualquer agenda política, que o ativismo não tem lugar na sala de aula. Minha visão é um pouco diferente. Compartilhar informações como essa, sobre desenvolvimento humano, ajuda externa e prioridades de gastos, não é um ato partidário. São informações que todas as pessoas do mundo merecem ver. Um sistema educacional que não fornece essas informações sobre pobreza e riqueza, sobre justiça e injustiça, sobre bondade e negligência, sobre doença e saúde, sobre racismo e união, não é um sistema educacional. Ele não prepara seus alunos para os desafios de seu tempo. "Com as habilidades do século XXI" sendo um slogan popular, precisamos reconhecer que nossos alunos não estarão prontos para o mundo se não tiverem uma compreensão dos desafios do século XXI.

Estamos em uma encruzilhada na história da humanidade, um ponto de virada em que a "paz em nosso tempo" é, finalmente, uma opção viável. Um império de opressão entrou em colapso e novas nações declararam seu compromisso com a democracia e o desenvolvimento. Alguns países anteriormente imersos em uma cultura de militarismo estão trocando os tanques pela tecnologia. Uma comunidade global surgiu para defender a conservação ambiental e os direitos humanos, e contra a pobreza e os vestígios remanescentes do totalitarismo. Estamos unidos contra a proliferação nuclear, o desmatamento e a miséria.

No entanto, embora possamos ter vencido uma guerra, ainda não conquistamos nossa paz. Devemos fazer mais do que simplesmente declarar nosso compromisso com as lutas contra o militarismo, a corrupção e a pobreza. Devemos respaldar essas declarações com recursos e esforços sinceros. Devemos trabalhar por nossa paz, um processo que nunca termina, conforme explorado neste livro.

Ao considerarmos a paz e a segurança, um ponto crucial deste trabalho, empreendemos um esforço que não é sem precedentes. Ao longo dos anos, inúmeras assembleias se reuniram para enfrentar a difícil tarefa de consolidar esses dois pilares da ordem internacional. E esses anos produziram inúmeras prescrições:

- de Westphalia em 1648, onde a ordem estava ligada ao respeito pela soberania;

- para São Francisco em 1945, onde a ordem dependia da segurança coletiva;
- até os dias de hoje, quando prevemos que a ordem será alcançada por meio da erradicação dos perigos que ameaçam as chances da humanidade de alcançar o progresso pessoal e coletivo.

Embora o conceito de paz tenha se diferenciado com o tempo, seu significado e, mais ainda, sua pertinência se mantiveram. Precisamos de paz para o sustento humano, para o desenvolvimento humano e, por fim, para a sobrevivência humana, como o autor sabiamente abordou neste livro.

Conforme concebido pelos fundadores da Liga das Nações e das Nações Unidas, a ordem era caracterizada pela ausência de conflitos entre os Estados. Ela implicava o estabelecimento de organizações universais para fazer valer os direitos e as responsabilidades globais, para conter possíveis agressores, para fomentar o bem-estar econômico e para promover o estado de direito.

A Guerra Fria que se seguiu impediu a concretização dessa visão. Na ordem que se seguiu, o discurso sobre universalidade e globalismo foi substituído pela retórica do antagonismo, uma retórica com um vocabulário próprio. Termos como segurança nacional, contenção e dissuasão passaram a substituir termos como segurança global e solidariedade. Da mesma forma, a segurança humana foi eclipsada pela política de equilíbrio de poder.

Com o colapso do bloco soviético, começamos mais uma vez a ouvir os sussurros da ordem recuperada, da segurança reconquistada e da democracia reivindicada. No entanto, esses tons são silenciados pelos lamentos de um Terceiro Mundo que parece, mais uma vez, ter sido esquecido. E acompanhando esses murmúrios estão os gritos dos oprimidos que, também aparentemente esquecidos, continuam a viver sob regimes que engrandecem seus exércitos e violam os direitos humanos.

O que significa o fim da Guerra Fria entre o Oriente e o Ocidente para as crianças famintas, para as mães desoladas, para os pais desesperados dos países em desenvolvimento e para os cidadãos perseguidos da Coreia do Norte e de Cuba? Não significa nada se eles não tiverem acesso a alimentos, roupas, moradia, educação, assistência médica e liberdade.

O fim da Guerra Fria não significará nada se não substituirmos o conceito ultrapassado de segurança que prevaleceu durante o conflito Leste-Oeste. Hoje, segurança deve significar mais do que evitar a guerra; deve significar a ausência de carência. Esse é precisamente o significado central do livro "*Empresas Militares Privadas e a Terceirização da Guerra: Reexaminando a Lógica Política Rumo à Paz*" (no título original em inglês como *Private Military Companies and the Outsourcing of War: Re-examining the Political Rationale Towards*).

A segurança humana, em contraste com o conceito tradicional de segurança ligado à capacidade militar e ao poder econômico, não tem conotações nacionais ou etnocêntricas. Em termos quantitativos, a segurança humana representa o grau em que os seres humanos são protegidos contra a ignorância, a doença, a fome, a negligência e a perseguição. É o grau em que a vida e a dignidade humanas são respeitadas. No mundo turbulento do final do século XX, entretanto, frequentemente perdemos de vista o ser humano como o principal ímpeto de toda ação política. O sistema internacional moderno, dominado pelo realismo e pelo mercado, e tomado pela busca frenética por maior competitividade e níveis mais altos de produção e consumo, frequentemente ignora o indivíduo, cujo bem-estar deve ser a meta mais importante de nosso tempo.

Hoje, a pobreza priva nossos semelhantes dos frutos da democracia, da paz e da liberdade. Ela invade nossas cidades, trazendo devastação e discórdia para nossas comunidades. Como vimos na América Central, não é suficiente desmantelar ditaduras e acabar com a guerra se não eliminarmos as causas subjacentes da pobreza. Praticamente derrotamos as ditaduras e a violência. Mas depois disso vem outra guerra. Nossa próxima preocupação histórica é a luta pela segurança humana contra a pobreza global.

Embora possa parecer que a pobreza afeta apenas os marginalizados e as minorias, ela é inimiga de todos nós, mesmo daqueles que desfrutam de prosperidade. A pobreza penetra em cada canto de nossas sociedades, em cada subúrbio e em cada metrópole, trazendo devastação e discórdia onde antes havia riqueza e harmonia.

Em uma vizinhança global como a que vivemos hoje, as pessoas precisam cooperar para todos os fins imagináveis: manter a paz e a ordem, expandir a atividade econômica, evitar mais poluição, deter o aquecimento global, combater doenças pandêmicas, promover o desarmamento, controlar a desertificação, proteger a biodiversidade, combater o terrorismo, evitar recessões econômicas, coibir o tráfico de drogas – e a lista continua. Os problemas que exigem esforços conjuntos de todas as nações estão aumentando. O que acontece em lugares distantes é muito mais importante agora, pois nenhum lugar está muito longe em uma vizinhança.

Uma decisão tomada hoje por um conselho de administração coreano pode determinar o destino da cultura indígena no Brasil. O uso de aerossóis na Europa leva a um aumento específico do câncer de pele na América do Sul. Um desastre agrícola na Rússia pode levar a uma fome generalizada no leste da África. Por outro lado, o crescimento econômico no Leste Asiático pode proteger o emprego na América do Norte. Mudanças tarifárias na Europa podem aliviar as pressões de aumento do petróleo que ameaçam a sobrevivência das florestas na África e na América Latina. A reestruturação industrial no Norte pode significar uma redução da pobreza no Sul, o que, por sua vez, pode ampliar os mercados para o Norte. A redução da distância, a multiplicação dos vínculos e a ampliação da interdependência são os fatores que estão transformando o mundo em uma vizinhança global.

Os movimentos motivados por um sentimento de solidariedade humana que transcende as fronteiras nacionais são outra marca da evolução do mundo em uma vizinhança global. Esses movimentos, sem fronteiras, destacaram a humanidade comum dos habitantes do mundo, trabalhando para emancipar as mulheres, proteger os direitos humanos, conseguir um planeta menos poluído ou eliminar as armas nucleares. Eles são as marcas cada vez mais importantes da emergente sociedade civil global.

Além de um compromisso com a paz e a segurança humana, precisamos de um processo de transparência para descobrir a corrupção no governo para nossa nova sociedade civil. Um dos problemas mais frequentemente associados à corrupção na sociedade moderna é o tráfico de drogas e o lucro de autoridades políticas e militares nos países produtores de drogas. O mundo está justamente ofendido com o envenenamento de sua juventude causado por drogas originárias do mundo em desenvolvimento. No entanto, as nações produtoras de armas não demonstram escrúpulos em incentivar o crescente setor armamentista, que muitas vezes envia armas destrutivas para as regiões mais instáveis, tirando a vida de jovens inocentes.

Não é hipócrita condenar o comércio de drogas e, ao mesmo tempo, incentivar a venda de armas? É justamente o comércio de armas que gera enormes lucros em detrimento de milhões de pessoas. Nos países em desenvolvimento, dez milhões de vidas poderiam ser salvas a cada ano ao custo de menos da metade de seus gastos militares. Nos países desenvolvidos, os governos gastam dez vezes mais em sua "defesa" militar do que em ajuda ao desenvolvimento para os países mais pobres.

Quando a guerra se torna um negócio, para cada indivíduo que prospera, milhões se desesperam. Como podemos gastar dois trilhões de dólares por ano em despesas militares enquanto milhões de homens, mulheres e crianças definham na pobreza? Como podemos aceitar um mundo que gasta vinte e cinco vezes mais para manter um soldado do que para educar uma criança? De fato, o comércio contínuo de armas representa uma das formas mais difundidas de corrupção.

No entanto, a corrupção exige pelo menos duas partes: o consumidor e o fornecedor. Os líderes políticos e militares de muitos países frequentemente incentivam a compra e o armazenamento de armas, principalmente por causa das propinas que recebem dos fornecedores. Ao mesmo tempo, essas armas são frequentemente usadas para frustrar processos democráticos e oprimir a população. E quais países estão por trás do lucrativo setor de armas?

O novo ambiente político criado após a Guerra Fria permite novas perspectivas e novas prioridades. É imperativo que aproveitemos a oportunidade sem precedentes que o mundo tem para a paz. As pessoas de todas as nações, tanto ricas quanto pobres, se beneficiam quando os recursos são redirecionados da busca pela guerra para a busca pela educação, desenvolvimento, saúde, proteção ambiental e paz.

Precisamos decidir se queremos que as ruas de nossa nascente vizinhança global sejam invadidas por armas e soldados ávidos por poder ou se queremos estabelecer um pacto de paz para nossa comunidade. Acredito que nossa segurança futura reside na desmilitarização, um processo gradual que permite a transformação de uma cultura de violência em uma cultura de paz. Desmilitarizar significa reduzir o papel das forças armadas e de outras organizações militares para que elas trabalhem exclusivamente com questões de defesa nacional. A desmilitarização implica a criação de definições mais amplas de segurança que vão além das conotações puramente militares para incluir conceitos como Segurança Humana e Segurança Duradoura, que, ao se concentrarem no bem-estar individual e coletivo de nossos cidadãos, proporcionam uma abordagem mais humanitária às questões de segurança. Desmilitarizar significa a descoberta de novos mecanismos de segurança coletiva multilateral que garantam a soberania nacional diante de ameaças externas e que permitam às nações realocar recursos originalmente designados para fins de defesa para programas sociais e projetos de desenvolvimento humano.

Há muitos anos, venho propondo a criação de um Fundo Global de Desmilitarização. Em resumo, a ideia é criar um fundo com contribuições voluntárias resultantes de reduções nos gastos militares que permitirão que o mundo aproveite os chamados dividendos da paz.

Esse Fundo poderia estimular o atual declínio nos gastos militares, vinculando a redução dos gastos militares à consolidação da paz mundial. As nações do mundo, tanto as ricas quanto as pobres, deveriam se comprometer com uma redução de pelo menos 3% ao ano em seus gastos militares. As nações ricas devem, então, concordar em destinar pelo menos um quinto dessa economia para um fundo de desmilitarização que esteja sob jurisdição internacional. Os países em desenvolvimento também devem concordar em contribuir com uma fração, talvez um décimo, dessas economias para esse fundo. Dessa forma, uma parte dos dividendos da paz seria destinada à promoção da desmilitarização global. A cultura do militarismo é evidente em estados totalitários, mas está oculta em nações supostamente democráticas. Precisamos, além de um Fundo Global de Desmilitarização, de um processo de transparência para revelar a corrupção no governo, o tráfico de drogas e as transferências de armas.

Ao desmilitarizar, fortalecemos as mentes e o potencial de nosso povo em vez de treiná-los para puxar um gatilho ou colocar uma mina. Liberamos recursos para resolver definitivamente os problemas de pobreza e carência. Então, como podemos contribuir para a desmilitarização, para a defesa coletiva da segurança humana?

Primeiro, exigimos que a venda de armas e a ajuda militar sejam reduzidas. Quando as nações ricas vendem ou dão armas para as mais pobres, perpetuamos uma mentalidade ultrapassada da Guerra Fria baseada na competição militar global. Embora algumas ameaças militares permaneçam, acredito que criamos mais ameaças militares entre as nações em desenvolvimento por meio da proliferação apoiada pelas nações industrializadas, que fornecem a maioria esmagadora das armas recebidas e usadas no mundo em desenvolvimento.

Em segundo lugar, trabalhamos para aliviar o ônus da dívida dos países que estão lutando para oferecer segurança humana a seus povos. Além do influxo maciço de armas para os países emergentes, muitas dessas nações do mundo em desenvolvimento estão sobrecarregadas com o pagamento do serviço da dívida, que consome grande parte de seus produtos nacionais brutos. Além disso, as Nações Unidas devem defender o perdão da dívida bilateral dos países em desenvolvimento. Entretanto, esse tratamento deve estar vinculado ao reinvestimento direto em esforços práticos de desmilitarização e projetos que contribuam para as necessidades humanas, como saúde, educação e moradia de baixo custo.

Por fim, devemos rever nosso conceito de segurança coletiva. Como venho de uma nação pequena e desarmada, entendo como as pequenas nações desmilitarizadas dependerão da segurança coletiva. No entanto, devemos olhar para nossos sistemas sob uma nova perspectiva, uma perspectiva que veja a paz e a segurança internacionais como a defesa da dignidade humana, além da segurança das nações e das fronteiras.

Nosso recurso mais importante para atingir essas metas é a liderança. São necessários líderes de visão e coragem para nos conduzir a um futuro promissor com sua sinceridade e criatividade. Precisamos de líderes preocupados com um bem maior – que possam olhar além do bem pessoal, do bem nacional e do bem regional – não para satisfazer nossos caprichos, mas para abrir nossos olhos para a realidade dos sacrifícios que devemos fazer para alcançar o futuro que desejamos.

Uma liderança honesta e forte é essencial para uma paz duradoura e que valha a pena. Devemos buscar os pontos fortes da liderança em nós mesmos e em nossos filhos. É por isso que sinto esperança e alegria ao ver jovens latino-americanos prosperando em seu campo de trabalho escolhido, defendendo a paz, os direitos humanos, a justiça, a liberdade e combatendo as desigualdades, como Renan de Souza está fazendo. O autor é um amigo confiável da paz e um defensor incansável dos direitos humanos de uma nova geração de jovens líderes mundiais que propõem ideias inovadoras sobre como enfrentar os velhos desafios internacionais.

Dotado de grande talento e habilidade de comunicação, Renan de Souza demonstra neste livro uma genuína curiosidade intelectual aliada a uma notável capacidade de ir além dos fatos históricos com uma perspectiva profunda, holística e única da política e das relações internacionais, com excelente domínio desses campos. A obra traz à tona conceitos cruciais para entender a guerra e a paz. Precisamente, chamo a atenção para a aplicação significativa da segurança humana neste livro.

A segurança humana é uma preocupação comum. É uma necessidade que só pode ser compreendida e atendida em termos globais. Ela não pode ser garantida em uma região do mundo se for ignorada em outras. Atualmente, as ameaças que pesam sobre estados e impérios individuais são ameaças que pesam sobre o mundo inteiro.

As gerações futuras poderão olhar para trás e se perguntar por que estávamos tão empenhados em lutar uns contra os outros em vez de nos unirmos para enfrentar as ameaças da fome, da intolerância e da ganância que ameaçavam nos destruir. Quando examinarem nossos arquivos e relíquias, as gerações futuras verão que o destino nos deu a oportunidade de viver em uma época extraordinária, que fomos privilegiados com uma riqueza de informações e oportunidades, que muitos de nós vivíamos em um paraíso minúsculo, porém abundante. Ao mesmo tempo, ao nosso redor havia um oceano de miséria, conflito, pobreza e violência. A história nos concedeu os recursos intelectuais e materiais necessários para embarcarmos em uma cruzada contra os males que afligem milhões de seres humanos em todo o planeta.

Devemos trabalhar para eliminar os males que nos confundem e acabar com as inúmeras guerras que atualmente nos dividem. Devemos nos esforçar para fazer isso e, quando as gerações futuras olharem para trás, para os produtos de nosso trabalho, não os verão com remorso e confusão, mas com júbilo, celebração e gratidão. Meus amigos, é hora de baixarmos nossas espadas e abraçarmos nosso futuro comum. É hora da paz. Convido-os a fazer uma leitura agradável de *"Empresas Militares Privadas e a Terceirização da Guerra: Reexaminando a Lógica Política Rumo à Paz"*. Espero que você goste desse livro como eu gostei!

Óscar Arias Sánchez
Ex-presidente da Costa Rica (1986-1990; 2006-2010)
Prêmio Nobel da Paz (1987)

Biografia do Dr. Óscar Arias Sánchez

Óscar Arias Sánchez nasceu em San José, em 13 de setembro de 1940. Concluiu seus estudos primários na Escola República Argentina, em Heredia, e seus estudos secundários na Saint Francis High School, em Moravia. Posteriormente, estudou Direito na Universidade da Costa Rica e obteve seu Ph.D. em Ciência Política na Universidade de Essex, Inglaterra. Depois de retornar ao seu país, atuou como professor de Ciência Política na Universidade da Costa Rica e, desde então, está vinculado a atividades acadêmicas em algumas das mais prestigiadas universidades da Europa e dos Estados Unidos da América.

Em 1970, foi chamado ao cargo público pelo Presidente José Figueres Ferrer, que o nomeou Ministro do Planejamento Nacional e Política Econômica, cargo que continuou a ocupar na administração do Sr. Daniel Oduber Quiros. Renunciou a esse cargo para aspirar a uma cadeira na Assembleia Legislativa, sendo eleito deputado em 1978.

Um ano depois, foi nomeado Secretário-Geral do Partido da Libertação Nacional (PLN). Em 1984, foi eleito candidato à Presidência da República para o período de 1986-1990. Seu triunfo eleitoral foi motivado pela promessa de lutar pela paz na América Central, devastada por sangrentos conflitos políticos e militares. Guatemala e El Salvador estavam imersos em guerras civis que se arrastavam por muito tempo. Ao mesmo tempo, a queda da ditadura da família Somoza na Nicarágua e a subsequente tomada do poder pela Frente Sandinista de Libertação Nacional criaram na região um clima de confronto que ameaçava chegar às fronteiras da Costa Rica. A isso se somou a interferência ideológica e militar da União Soviética e dos Estados Unidos da América, superpotências imersas na estrutura da Guerra Fria.

Foi nesse contexto que o Dr. Óscar Arias propôs aos cinco presidentes das repúblicas centro-americanas o Plano de Paz que leva seu nome e que foi assinado na Guatemala em agosto de 1987. Esse plano foi a base de uma paz duradoura e de um processo de democratização lento, mas inexorável, na região da América Central.

Em reconhecimento aos seus esforços, o Comitê Norueguês do Nobel concedeu-lhe o Prêmio Nobel da Paz em 1987. Esse prêmio foi um apoio inestimável para a consolidação dos processos de paz na região. O Dr. Arias usou os recursos monetários do prêmio para criar a Fundação Arias para a Paz e o Progresso Humano. Essa instituição tem se dedicado a promover causas como a desmilitarização, o controle de armas pequenas e leves, a igualdade de gênero e a governança democrática.

Depois de vários anos afastado da política nacional, o Dr. Arias concordou em indicar seu nome, mais uma vez, para a campanha presidencial de 2005. Graças ao seu compromisso de "colocar a Costa Rica na estrada novamente", ele acabou sendo eleito Presidente da República para o período de 2006 a 2010, tornando-se o primeiro chefe de Estado agraciado com o Prêmio

Nobel da Paz a ser reeleito. Seu segundo governo girou em torno da luta contra a pobreza, da expansão do sistema educacional e da inserção da Costa Rica nos mercados internacionais, com a assinatura de acordos de livre comércio com os Estados Unidos da América, América Central e República Dominicana, China, Cingapura, Panamá e União Europeia, bem como a abertura de monopólios estatais em seguros e telecomunicações. Internacionalmente, promoveu a aprovação do Tratado sobre o Comércio de Armas (ATT), uma iniciativa concebida por ele e que foi aprovada pela Assembleia Geral das Nações Unidas em 2013. Ele também promoveu o Consenso da Costa Rica, um mecanismo para perdoar dívidas e apoiar com recursos financeiros globais os países em desenvolvimento que investem mais na proteção do meio ambiente, saúde, educação e moradia para seus povos, e menos em armas e soldados. Juntamente com essas causas, o Presidente Arias incentivou uma política externa visionária, estabelecendo relações diplomáticas com a China, Cuba e vários países árabes moderados.

Entre as muitas publicações do Dr. Arias estão os seguintes livros: *Con velas, timón y brújula* (2010), *Hagamos juntos el camino* (2005), *Horizontes de paz* (1990), *Frieden Für Zentralamerika -Paz para Centroamérica-* (1987), *Nuevos rumbos para el desarrollo costarricense* (1980), *Los caminos para el desarrollo de Costa Rica* (1977), *Democracia, independencia y sociedad latinoamericana* (1977), *¿Quién gobierna en Costa Rica?* (1976), *Grupos de pressão na Costa Rica* (1970) e *Significado del movimiento estudiantil en Costa Rica* (1970).

Oscar Arias recebeu 90 doutorados honorários de diferentes universidades dos Estados Unidos, como Harvard, Princeton, Dartmouth, Washington University e Brandeis, bem como de outras instituições educacionais de prestígio, como a Universidade de Salamanca, na Espanha; Bahcesehir, na Turquia; Yonsei, no Japão; Kyung Hu, na Coreia do Sul; e Essex, na Inglaterra. Ele também recebeu vários prêmios, incluindo o Prêmio da Paz Martin Luther King Jr., a Medalha da Liberdade da Filadélfia, o Prêmio Jackson Ralston, o Prêmio Príncipe das Astúrias, o Prêmio Humanitário Albert Schweitzer e o Prêmio das Américas. Para ele, no entanto, não há prêmio mais importante do que o imenso amor que recebeu de seu povo.

PREFÁCIO 2

A transformação da guerra

A guerra e a economia sempre estiveram conectadas ao longo da história. A virada do século XXI marca uma profunda mudança na natureza dos conflitos em todo o mundo, com a multiplicação de conflitos assimétricos. Além disso, desde o fim da Guerra Fria, testemunhamos o surgimento de empresas multinacionais e a presença crescente de empresas militares privadas ("PMSC") nos conflitos modernos. As PMSCs geralmente estão relacionadas a seus parceiros poderosos, incluindo empresas de extração de recursos naturais e instituições financeiras privadas. A multiplicação de atores no cenário internacional tornou as relações internacionais mais complexas, especialmente no contexto da grande questão do acesso à terra, em que as duas abordagens, militar e econômica, se complementam e sustentam a interdependência secular entre a guerra e a economia.

Este estudo oportuno considera algumas das principais questões relacionadas às guerras modernas e fornece contribuições úteis para melhor compreendê-las.

O surgimento das PMSCs durante as guerras no Iraque e no Afeganistão no início dos anos 2000 provocou fortes reações da comunidade internacional, que culminaram com a adoção do Documento de Montreux em 2008 e do Código Internacional de Conduta para provedores de segurança privada (ICOC) em 2010. Ambas as iniciativas de várias partes interessadas fornecem algumas orientações aos estados e às empresas (o ICOC também se dirige diretamente às empresas), mas são de natureza voluntária. A adoção desses documentos deu a ilusão de que o fenômeno da terceirização da guerra pelos Estados para empresas militares e de segurança privada está de alguma forma regulamentado e sob controle. Uma consequência problemática disso é a falta de interesse dos pesquisadores acadêmicos e de políticas, bem como dos Estados, nas atividades das PMSCs. Devido à ausência de qualquer mecanismo de supervisão relacionado às iniciativas voluntárias (que está mudando para o ICOC), testemunhamos a proliferação de PMSCs em todos os setores da governança, inclusive em tempos de paz, quando as PMSCs prestam apoio na gestão de fronteiras e em centros de detenção de administração privada, incluindo a detenção de grupos vulneráveis, como migrantes e solicitantes de asilo, mulheres e menores desacompanhados. As PMSCs também têm uma variedade de clientes: o setor extrativista é uma das categorias de clientes mais importantes, mas também grupos armados não estatais e outros atores não estatais que operam por meio de redes legais ou ilegais. O autor, que é jornalista internacionalista, está atualizado sobre as operações modernas das PMSCs e suas expansões em setores de atividades, tempos de paz e conflito e diversidade de clientes. A abordagem do autor de se afastar da análise da ordem internacional pós-1945 e analisar criticamente o lugar do indivíduo e do Estado no sistema de segurança internacional por meio de conceitos como segurança humana contribui para alguns dos debates mais significativos da atualidade.

Nos últimos anos, a questão dos fornecedores privados de serviços militares e de segurança voltou a ser discutida na estrutura internacional de paz e segurança. O contexto da Líbia, o conflito em Nagorno Karabagh e a República Centro-Africana lançaram luz sobre o surgimento e o papel das PMSCs. Ao tratar de questões como a desestabilização da segurança internacional pelas PMSCs, o autor destaca a necessidade de reconsiderar a estrutura regulatória internacional para resolver as lacunas legais existentes. Em abril de 2021, o grupo de trabalho intergovernamental aberto iniciou as discussões sobre a futura convenção legal, e este livro é, sem dúvida, uma contribuição útil para o diálogo e o processo intergovernamental.

É importante observar que a lei só pode ser benéfica para lidar com as PMSC se as questões sociais e econômicas forem tratadas adequadamente. O acesso à terra e aos recursos tem sido diretamente ligado à proliferação de atores não estatais nos conflitos modernos, nos quais as PMSC desempenham um papel importante. Enquanto a guerra trouxer mais lucro do que a paz, a regulamentação das PMSC será um desafio. O autor do livro fornece elementos relevantes do debate, sugerindo que, para abordar o processo de paz, os formuladores de políticas devem primeiro considerar a adoção de uma distribuição igualitária das fontes.

Por fim, o autor é oportuno nas discussões sobre a transformação da guerra em si, sugerindo que os conflitos armados contemporâneos enfrentam linhas de definição imprecisas entre guerra e paz. Ao destacar essa transformação crucial na prática, o autor levanta algumas considerações políticas importantes sobre o conceito de guerra.

Este é um estudo muito valioso e oportuno, e o Sr. De Souza deve ser parabenizado por concluir um livro tão gratificante.

Jelena Aparac
Professora e consultora independente, Relatora Presidente do Grupo de Trabalho da ONU sobre o uso de mercenários[1]

Biografia da Dra. Jelena Aparac

Atualmente, a Dra. Jelena Aparac é presidente e relatora do grupo de trabalho da ONU sobre mercenários, que tem o mandato explícito de monitorar e estudar os efeitos de mercenários, atores relacionados a mercenários e empresas militares e de segurança privadas (PMSCs) sobre a ótica dos direitos humanos. Ela é uma profissional bem-sucedida, com mais de 15 anos de experiência em direitos humanos internacionais e

---

1 Isenção de responsabilidade: nada neste texto pode ou deve ser atribuído ao Grupo de Trabalho da ONU sobre mercenários ou às Nações Unidas. Todas as opiniões expressas são exclusivamente pessoais.

direito humanitário, a partir de perspectivas de operações de emergência humanitária, ensino acadêmico, liderança e elaboração de estratégias diplomáticas e formulação de políticas. A Dra. Aparac também é PhD em direito público internacional. Sua tese se concentrou em "Responsabilidade criminal internacional de empresas por crimes internacionais cometidos em conflitos armados não internacionais", na qual analisou o papel da indústria extrativa, das empresas militares e de segurança privadas e dos bancos privados e seu envolvimento em guerras civis modernas. Ela também possui um LLM da Geneva Academy of International Humanitarian Law and Human Rights. Todas as opiniões expressas são de sua autoria e não expressam a posição oficial do Grupo de Trabalho ou das Nações Unidas.

INTRODUÇÃO

As Empresas Militares Privadas (PMCs) se tornaram um negócio multibilionário altamente lucrativo ao terceirizar as capacidades e funcionalidades de alguns estados em termos de guerra, logística e suas ramificações. As PMCs estão presentes em 50 países diferentes[2] em todos os continentes. Estudos demonstraram que, em 2003, a receita do setor foi superior a US$ 100 bilhões por ano. Alguns analistas argumentam a favor da privatização da guerra, enquanto outros têm levantado preocupações sobre as operações das PMCs em todo o mundo. Esses fatores preocupantes podem variar desde a falta de transparência e de prestação de contas, a não conformidade com as leis e os tratados internacionais, a ameaça à soberania do Estado e o enfraquecimento das democracias em todo o mundo e, em última análise, a alteração da estabilidade da segurança dentro dos Estados e dos conflitos regionais.

Devido a essa falta de regulamentação sobre as Empresas Militares Privadas e a lacuna em que operam, a primeira parte deste livro, denominada "Empresas Militares Privadas e a Terceirização da Guerra", enfocará se esses fatores (mas não se limitando a eles) incorporados às PMCs podem gerar qualquer faísca de desestabilização no sistema de segurança internacional (segurança global). Será estudada a perspectiva sobre as PMCs entrarem em conflito com o princípio básico do monopólio da violência pelo Estado, uma vez que essas empresas são orientadas para os negócios e não são uma entidade estatal, podendo levar a alguma inconformidade quando forem implantadas, gerando ameaças à segurança.

Depois de delinear a alegação principal, a primeira parte deste livro será dividida em três tópicos. O primeiro é dedicado a explicar o caráter mutável da guerra e a discutir as nuances entre os conflitos antigos e os novos na literatura, criando um terreno fértil para as PMCs. Além disso, abordará a privatização

---

2 SINGER, P. **Corporate Warriors – The Rise of The Privatized Military Industry** [Guerreiros Corporativos – A Ascensão da Indústria Militar Privatizada]. Ithaca, N.Y.: Cornell University Press, 2008.

e a terceirização da guerra e mostrará os números mais recentes desse setor, oferecendo uma visão clara do cenário atual do mundo que será analisado. Em seguida, o subitem abordará o sistema de segurança internacional. A ideia é explorar o conceito contestado de segurança nos Estudos Críticos de Segurança, o papel do Estado, a ordem internacional, a emancipação e a segurança humana, a fim de introduzir o ambiente proposto por este livro. Além disso, este tópico distinguirá, com uma lente diferente de análise, a possibilidade de olhar para diferentes camadas do objeto de referência, apresentando duas possibilidades de segurança: para os Estados ou para os indivíduos. Aqui, a ideia também é explorar a ordem internacional pós-1945.

O segundo tópico discutirá e apresentará a estrutura conceitual dos termos cruciais trabalhados neste trabalho que conduzirão à etapa de análise propriamente dita. O primeiro termo a ser introduzido é segurança, seguido por Empresas Militares Privadas, a *tooth-to-tail ratio (T3R)*[3], na operação militar e a discussão da cadeia de suprimentos em compostos, logística e ambiente de guerra, e sua relação com terceiros nos países e contratantes. Esse tópico também discutirá os conceitos de paz democrática e guerra social.

A última parte será dedicada à produção de uma análise aprofundada das empresas militares privadas usando o estudo de caso da *Blackwater* como referência. Documentos americanos divulgados sobre esse caso, cobertura da mídia, relatórios, livros e interpretações de analistas internacionais foram usados para explorar o caso emblemático da operação da *Blackwater* no Iraque como fonte de desestabilização em um conflito.

Na segunda metade deste livro, a lógica em direção à paz será o foco principal do trabalho. Na seção intitulada "Reexaminando a Lógica Política Rumo à Paz", este livro argumentará que a paz só pode ser alcançada quando houver uma paz positiva, uma vez que a guerra provou ser muito lucrativa. Portanto, a distribuição igualitária de poder, recursos e justiça para todos é a principal condição para que a paz se concretize.

De acordo com o Escritório das Nações Unidas sobre Drogas e Crimes (UNODC), a produção ilegal de ópio do Talibã no

---

3   A relação *tooth-to-tail (T3R)*, no jargão militar, é a quantidade de pessoal militar necessária para fornecer suprimentos e suporte ("*tail*") a cada soldado de combate ("*tooth*").

Afeganistão aumentou 63% somente em 2017, lucrando até US$ 6,6 bilhões e representando 32% do PIB do país. Grupos terroristas, como o autoproclamado Estado Islâmico, lucraram US$ 1,2 bilhão com atividades criminosas apenas em 2015[4]. Conforme demonstrado pelos números, os grupos rebeldes ou mesmo as organizações terroristas se beneficiaram enormemente da guerra, tornando-a lucrativa. Portanto, este livro argumentará que a paz tem sido concebida principalmente como paz negativa em nível global, o que significa puramente a ausência de guerra. Deste modo, levando em consideração esse cenário, a paz que engloba perspectivas econômicas, sociais, culturais, políticas e humanitárias não pode se concretizar. O resultado são as queixas, a injustiça e a desigualdade.

A última seção deste livro continuará com a ideia de que o conceito de guerra foi desviado do pensamento *Clausewitziano* de "guerra como uma mera continuação da política por outros meios" para um conceito de novas guerras que desafiam até mesmo as zonas de guerra e as zonas de paz[5]. Assim, com muita frequência, os Estados e os líderes políticos têm entendido mal essa mudança crucial.

Partindo dessa perspectiva, o último tópico a ser reexaminado neste livro será dividido em três unidades. A primeira se concentrará na conceituação das distinções de "guerra" e "paz" por meio das perspectivas de Galtung e Clausewitz. O segundo tópico abordará a natureza mutável do conflito, passando pelo surgimento de emergências políticas complexas, novas guerras e novas relações entre Estados e atores não estatais. A terceira seção analisará o caso empírico do Afeganistão em uma luta pela paz e sua relação com a economia política gerada pela guerra e as mulheres na sociedade. O capítulo exporá como as velhas táticas militares fracassaram na tentativa de pôr fim a essa guerra.

---

4   BLANNIN, P. Islamic State's Financing (Financiamento do Estado Islâmico): Sources, Methods and Utilisation (Fontes, métodos e utilização). **Counter Terrorist Trends and Analyses**, v. 9, n. 5, p. 13, 2017.

5   KALDOR, M. **New & Old Wars – Organised Violence in a Global Era [Novas e Velhas Guerras – Violência Organizada em uma Era Global]**. Cambridge: Polity Press, 2001. p. 110.

1. A TRANSFORMAÇÃO DA GUERRA EM UM TERRENO FÉRTIL PARA AS PMCS

As Empresas Militares Privadas (que este livro adotará as abreviações do inglês como *Private Military Compay* "PMC" ou *Private Military and Security Company* "PMSC") resultam da dinâmica e das características variáveis da guerra ao longo da história. A compreensão de suas operações engloba também a compreensão das guerras antigas e novas. Embora suas causas, origens, motivos ou objetivos sejam fontes de contestação e discussões entre os acadêmicos, não há consenso sobre esses tópicos.

No entanto, vários estudiosos apontam o fim da Guerra Fria como um divisor de águas em termos de guerra, representado pelo declínio das guerras interestaduais e pelo aumento das guerras civis em função da competição étnica e de atividades criminosas ou ilegais. Essa nova guerra é fundamentalmente diferente de sua antecessora, caracterizada como mais criminosa, privada e predatória[6]. Enquanto as guerras antigas, que ocorreram na era pré-Guerra Fria, são geralmente enfatizadas como mais ideológicas, políticas e coletivas[7]. Coletivamente, é importante destacar as diferenças, tendo em mente que também existem alguns termos-chave para definir as diferenças entre as guerras. Na antiga guerra civil, as causas estavam centradas em queixas coletivas com amplo apoio popular e violência controlada. Por outro lado, as novas guerras civis estão concentradas em saques, ganhos e ganância privados, com falta de apoio popular e marcadas pela violência gratuita disseminada por milícias, exércitos privados e senhores da guerra independentes. Para esses atores, vencer pode não ser o objetivo principal de um conflito[8].

---

6 KALYVAS, S. "New" And "Old" Civil Wars: A Valid Distinction? **World Politics**, v. 54, n. 1, p. 99, 2001.
7 KALYVAS, S. "New" And "Old" Civil Wars: A Valid Distinction? **World Politics**, v. 54, n. 1, p. 99, 2001.
8 KALYVAS, S. "New" And "Old" Civil Wars: A Valid Distinction? **World Politics**, v. 54, n. 1, p. 99, 2001.

Como escreveu Kaldor[9], as diferenças estão nos atores: a guerra antiga era travada por exércitos regulares dos Estados, e a nova é enfrentada por uma combinação de atores estatais e não estatais, como forças armadas regulares, empreiteiros de segurança privada, mercenários, jihadistas, senhores da guerra e paramilitares. A ênfase é colocada nos objetivos: a antiga guerra era travada por interesses geopolíticos ou ideologia, e as novas guerras são travadas por identidades éticas, religiosas ou tribais. Também devemos mencionar os métodos: na guerra antiga, as batalhas eram decisivas, resultando na conquista de territórios; já nas novas guerras, as batalhas são raras, e o território é capturado por meios políticos ou pelo controle da população. Esse é o caso da Crimeia, anexada pela Rússia em março de 2014 e reivindicada como parte da Federação, com suas instituições e administração já incorporadas nessa península ucraniana[10]. Em partes, neste conflito, empresas militares privadas atuaram para assegurar os objetivos do Kremlin em conquistar essa região.

As questões são colocadas em evidência com relação às formas de financiamento: enquanto os Estados financiaram amplamente as guerras antigas, as novas guerras são financiadas por saques e pilhagens, tributação da ajuda humanitária, sequestros, petróleo, diamantes, drogas e contrabando de pessoas[11].

Entretanto, alguns acadêmicos argumentam que a dicotomia entre guerras civis novas e antigas tende a ser ideologizada, tendenciosa ou baseada em informações incompletas[12]. Além disso, não há nenhuma evidência de que os conflitos recentes sejam mais violentos ou apresentem um alto nível de atrocidade que resulte em causalidade humana[13]. Depois de apresentar a adoção generalizada das características usadas para definir e descrever

---

9 KALDOR, M. In Defence of New Wars. **Stability**: International Journal of Security and Development, v. 2, n. 1, 2013.
10 Resolução 68/262 da Assembleia Geral, Integridade Territorial da Ucrânia. (A/RES/68/262, mar. 2014).
11 KALDOR, M. In Defence of New Wars. **Stability**: International Journal of Security and Development, v. 2, n. 1, 2013.
12 KALYVAS, S. "New" And "Old" Civil Wars: A Valid Distinction? **World Politics**, v. 54, n. 1, p. 99, 2001.
13 MALEŠEVIĆ, S. The Sociology of New Wars? Assessing the Causes and Objectives of Contemporary Violent Conflicts" [Avaliando as causas e os objetivos dos conflitos violentos contemporâneos]. **International Political Sociology**, v. 2, n. 2, p. 99, 2008.

os conflitos civis pré e pós-Guerra Fria, Kalyvas[14] aponta sua crítica aos analistas das guerras civis contemporâneas. Segundo o autor, isso continua a se basear em representações errôneas produzidas durante o período das guerras civis antigas. Para Kalyvas[15], essas teorias de guerras novas e antigas devem ser feitas com base em pesquisa aprofundada, observação de longo prazo e reconstrução etnográfica.

Por outro lado, defendendo o conceito de uma nova guerra, Kaldor[16] expressa que o termo "novo" deve ser interpretado como uma estratégia de pesquisa e um guia para a formulação de políticas, fornecendo uma estrutura para análise. Este livro esclarece a visão de Kaldor sobre a descrição dos conflitos da década de 1990 como "novos", oferecendo uma mudança na forma de investigar esses conflitos e na maneira como os formuladores e formuladores de políticas os percebem. Assim, a compreensão das operações das PMCs também envolve a contextualização no ambiente da nova guerra. Ao definir as novas guerras, Kaldor também sugere que elas ocorrem em um local onde os regimes autoritários estão enfraquecendo. Nesses locais, o discernimento entre o Estado e o não-Estado, o público e o privado, o externo e o interno, o econômico e o político e até mesmo a guerra e a paz estão derretendo e, concomitantemente, são a causa e a consequência da violência em um ambiente de globalização e tecnologia. Portanto, a exclusão de determinados atores na competição em nível global enfraquece a economia do Estado e sua capacidade de gerar receita, levando a uma corrupção sistemática, criminalidade e, por fim, resultando na privatização da violência[17].

Partindo dessa perspectiva, Malešević[18] se concentra em um tópico essencial para avaliar as causas estruturais sobre a

---

14 KALYVAS, S. "New" And "Old" Civil Wars: A Valid Distinction? **World Politics**, v. 54, n. 1, p. 99, 2001.
15 KALYVAS, S. "New" And "Old" Civil Wars: A Valid Distinction? **World Politics**, v. 54, n. 1, p. 99, 2001.
16 KALDOR, M. In Defence of New Wars. **Stability**: International Journal of Security and Development, v. 2, n. 1, 2013.
17 MALEŠEVIĆ, S. The Sociology of New Wars? Assessing the Causes and Objectives of Contemporary Violent Conflicts" [Avaliando as causas e os objetivos dos conflitos violentos contemporâneos]. **International Political Sociology**, v. 2, n. 2, p. 100, 2008.
18 MALEŠEVIĆ, S. The Sociology of New Wars? Assessing the Causes and Objectives of Contemporary Violent Conflicts" [Avaliando as causas e os objetivos dos conflitos violentos

mudança de propósito e as origens da guerra contemporânea. Envolvendo-se de forma crítica com a teoria das novas guerras, Malešević[19] afirma que os conflitos civis e entre estados estão em declínio desde o início da década de 1990. Portanto, afirmar que as novas guerras são uma proliferação pode não ser exato a partir desse pensamento, mas é preciso dizer que as novas guerras surgem quando a lógica da proliferação nuclear é enfraquecida.

De acordo com Malešević[20], junto com as novas guerras também surgiram a confiança na tecnologia e o ciclo de transferência de riscos dos políticos eleitos para o pessoal militar, deles para o combatente inimigo e seus civis. A beligerância trazida pelas novas guerras não exige mobilização popular. Em vez disso, ela se baseia indiretamente na mídia para obter apoio passivo e neutralizar a vigilância eleitoral. No entanto, essa ferramenta é quase inteiramente utilizada pelos Estados Unidos, um autêntico império militar presente em 153 países ao redor do mundo. Eles têm capacidade técnica para impor suas vontades militares em todo o globo e pressão coercitiva sobre governos que não cooperam, como o governo do Irã e da Venezuela. Mesmo assim, essa revolução nos assuntos militares mudou as causas e os objetivos da guerra[21].

A análise de Malešević nos leva a um debate fundamental: a transformação da guerra. Como afirma Heng[22], a guerra mudou substancialmente. Não apenas devido à globalização, ao fim da Guerra Fria ou às próprias mudanças sociais, mas questões complexas foram adicionadas à agenda de segurança e ganharam uma nova dimensão impulsionada pela globalização. A guerra é um movimento dinâmico e envolve diferentes manifestações e formas. Compreender os fenômenos da guerra engloba a compreensão da

---

contemporâneos]. **International Political Sociology**, v. 2, n. 2, p. 99, 2008.

19 MALEŠEVIĆ, S. The Sociology of New Wars? Assessing the Causes and Objectives of Contemporary Violent Conflicts" [Avaliando as causas e os objetivos dos conflitos violentos contemporâneos]. **International Political Sociology**, v. 2, n. 2, p. 99, 2008.

20 MALEŠEVIĆ, S. The Sociology of New Wars? Assessing the Causes and Objectives of Contemporary Violent Conflicts" [Avaliando as causas e os objetivos dos conflitos violentos contemporâneos]. **International Political Sociology**, v. 2, n. 2, p. 102, 2008.

21 MALEŠEVIĆ, S. The Sociology of New Wars? Assessing the Causes and Objectives of Contemporary Violent Conflicts" [Avaliando as causas e os objetivos dos conflitos violentos contemporâneos]. **International Political Sociology**, v. 2, n. 2, p. 109, 2008.

22 HENG, Y. The 'Transformation of War' Debate: Through the Looking Glass of Ulrich Beck's World Risk Society. **Relações Internacionais**, v. 20, n. 1, p. 70, 2006.

ideia crescente de gerenciamento, redução ou controle de riscos globais. Pela definição de risco, não se trata apenas do conceito de uma situação potencialmente perigosa, mas também de um cálculo proativo que antecipa cenários. Assim, a globalização exagera os riscos preexistentes e aumenta a consciência da vulnerabilidade do impacto em eventos distantes e, em última análise, influencia as decisões dos formuladores de políticas[23].

Nesse cenário, a guerra pode atingir novos níveis e possibilidades antes inexplorados. Uma dessas plausibilidades é a privatização da guerra, por meio da simples extensão de um sistema hegemônico. Por sua própria simplicidade, esse processo poderia, de fato, parecer a hipótese mais provável à luz da onipresença da lei americana[24]. Da mesma forma, na Guerra Fria e os ataques de 11 de setembro[th] também elevaram o nível de uma nova forma de ameaças, autonomia, resistência e violência organizada. Em oposição, há um regime de segurança internacional que opera apoiado por várias formas de redes público-privadas que tentam fornecer assistência humanitária, reduzir vulnerabilidades, resolver conflitos e fortalecer as capacidades dos atores civis[25].

Portanto, a guerra de rede, conforme conceituada por Duffield[26], está ligada às mudanças contemporâneas no *ethos* da vida social. Nesse caso específico, as mudanças estão na estrutura organizacional do capitalismo, na nova fase da globalização e na arquitetura dos Estados. Portanto, como resultado desse contexto, a violência organizada, que antes era monopólio dos Estados, expandiu-se em um complexo sistema de rede de atores estatais e não estatais. Além disso, as modalidades da violência organizada foram privatizadas[27].

---

23 HENG, Y. The 'Transformation of War' Debate: Through the Looking Glass of Ulrich Beck's World Risk Society. **Relações Internacionais**, v. 20, n. 1, p. 75, 2006.
24 DELMAS-MARTY, Mireille. **Ordering Pluralism**: A Conceptual Framework for Understanding the Transnational Legal World [Uma Estrutura Conceitual para Compreender o Mundo Jurídico Transnacional]. Oxford e Portland, Oregon: Hart Publishing, 2009. p. 17.
25 DUFFIELD, M. War as A Network Enterprise: The New Security Terrain And Its Implications". **Cultural Values**, v. 6, p. 1-2, p. 153, 2002.
26 DUFFIELD, M. War as A Network Enterprise: The New Security Terrain And Its Implications". **Cultural Values**, v. 6, p. 1-2, p. 154, 2002.
27 DUFFIELD, M. War as A Network Enterprise: The New Security Terrain And Its Implications". **Cultural Values**, v. 6, p. 1-2, p. 158, 2002.

Ganhando impulso desde a década de 1990, a privatização da guerra em assuntos militares é descrita por estudiosos como um exemplo do progresso vitorioso das estratégias neoliberais de privatização contra a lógica anterior dos Estados que monopolizavam responsabilidades sem gerar resultados econômicos. Assim, os serviços prestados por atores privados se tornaram indispensáveis para a capacidade de alguns Estados de agir militarmente em nível global, por exemplo, no caso de uma superpotência como os Estados Unidos da América[28].

Em 2003, as empresas privadas foram o segundo maior contribuinte para as forças de coalizão na guerra do Iraque, depois do Pentágono, com 10.000 contratados militares privados em campo, superando cerca de 9.900 soldados britânicos. No mesmo ano, acredita-se que os Estados Unidos gastaram US$ 30 bilhões em contratos com empresas privadas. Além disso, metade das dezenas dessas empresas privadas no Iraque eram empresas do Reino Unido[29]. O contexto intrínseco levou a um estágio atual em que o Exército dos EUA não conseguiria manter sua capacidade de ação sem o apoio e os serviços de empresas militares privadas[30]. Relatórios também sugerem que há até 10.000 soldados de PMCs na África. O gasto global total com segurança privada chegou a US$ 274 bilhões, mais de cinco vezes o orçamento de defesa do Reino Unido – o país é um dos principais participantes do setor militar privado[31].

O cenário atual desafia até mesmo as teorias clássicas de Clausewitz sobre a guerra devido às mudanças fundamentais dos conflitos nos últimos anos. A guerra não segue mais o confronto simétrico entre Estados. Em vez disso, há subestados e atores privados lutando não mais para alcançar a ordem política, mas para garantir rendas lucrativas[32].

---

28 STRACHAN, H.; HERBERG-ROTHE, A.; MÜNKLER, H.; CLAUSEWITZ, H. **In The Twenty-First Century**. Oxford: Oxford University Press, 2007. p. 220.
29 TRAYNOR, I. Special Investigation [Investigação especial]: The Privatisation of War [A privatização da guerra]. **The Guardian**, 2019.
30 STRACHAN, H.; HERBERG-ROTHE, A.; MÜNKLER, H.; CLAUSEWITZ, H. **In The Twenty-First Century**. Oxford: Oxford University Press, 2007. p. 220.
31 TAHIR, T. Como a próxima potência global do mundo pode ser um exército privado de mercenários. **The Sun**, 2019.
32 STRACHAN, H.; HERBERG-ROTHE, A.; MÜNKLER, H.; CLAUSEWITZ, H. **In The Twenty-First Century**. Oxford: Oxford University Press, 2007. p. 229.

Argumentando que a conhecida frase de Clausewitz sobre a guerra como "uma mera continuação da política por outros meios"[33] se tornou obsoleta, Strachan, Herberg-Rothe e Münkler[34] afirmam que as guerras mudam de dentro das sociedades para conflitos transnacionais, ou seja, um híbrido de guerra civil e interestadual, em que a vontade política das partes envolvidas é difícil de estabelecer. No entanto, é possível afirmar que a teoria original de Clausewitz de que "a guerra, portanto, é um ato de violência destinado a obrigar nosso oponente a cumprir nossa vontade"[35] ainda é aplicável, mesmo que algumas batalhas de confronto simétrico entre dois adversários igualmente equipados tenham sido substituídas pelo massacre e pelo uso assimétrico da violência de novos atores completamente diferentes[36]. Um exemplo disso é o episódio dos ataques de 11 de setembro, quando os terroristas usaram a violência para cumprir sua vontade de forçar seu adversário, os Estados Unidos da América, a remover sua presença militar, econômica e cultural dos países árabes-islâmicos. Sabendo que a superioridade militar dos Estados Unidos impossibilitaria um confronto simétrico, os combatentes da al-Qaeda confiaram na luta assimétrica usando aviões comerciais de passageiros como arma para atacar a maior potência militar do planeta, gerando a morte de milhares de pessoas.

Olhando para o passado, Strachan, Herberg-Rothe e Münkler[37] apontam que o controle total dos assuntos militares e a monopolização da guerra marcaram o início da ascensão dos Estados. Por outro lado, a perda do monopólio e a crescente privatização da guerra poderiam levar não ao declínio do Estado, mas possivelmente ao seu fim. No passado, o controle dos assuntos militares e da guerra era o elemento central da ordem na Europa após a Guerra dos Trinta Anos (1618-1648). Até hoje, o monopólio da violência legítima é o núcleo da ordem estatal.

---

33   CLAUSEWITZ, C. **On War**. Londres: K. Paul, Trench, Trubner, 1918.
34   STRACHAN, H.; HERBERG-ROTHE, A.; MÜNKLER, H.; CLAUSEWITZ, H. **In The Twenty-First Century**. Oxford: Oxford University Press, 2007. p. 229.
35   CLAUSEWITZ, C. **On War**. Londres: K. Paul, Trench, Trubner, 1918.
36   STRACHAN, H.; HERBERG-ROTHE, A.; MÜNKLER, H.; CLAUSEWITZ, H. **In The Twenty-First Century**. Oxford: Oxford University Press, 2007. p. 229.
37   STRACHAN, H.; HERBERG-ROTHE, A.; MÜNKLER, H.; CLAUSEWITZ, H. **In The Twenty-First Century**. Oxford: Oxford University Press, 2007. p. 229.

Esse pensamento se reflete na linha de investigação deste autor sobre se as PMCs poderiam afetar o sistema de segurança internacional real e, portanto, a ordem. Portanto, o próximo tópico explorará as nuances da ordem internacional e do sistema de segurança global.

1.1 Segurança internacional: uma análise do objeto de referência. Estados ou indivíduos?

O conceito de guerra vem mudando ao longo da história para um terreno atual definido por alguns estudiosos como "nova guerra". Portanto, é necessário expandir a compreensão do sistema no qual as chamadas "novas guerras" operam.

Esta pesquisa pretende lançar luz sobre o conceito de segurança como contestado, embora haja muitas interpretações, discordâncias e debates intensos no meio acadêmico em torno desse tópico entre aqueles que querem ampliar ou aprofundar a ideia de segurança. No entanto, assim como os ataques terroristas de 11 de setembro foram um divisor de águas em termos de guerra, o mesmo novo paradigma é aplicado ao conceito de segurança. Isso se deve ao fato de que a maioria das teorias clássicas sobre segurança falhou ou ofereceu uma explicação limitada sobre esse evento, não caracterizado nos padrões explicativos dessas teorias. Portanto, é necessário analisar a segurança com lentes diferentes.

Buzan[38] escreveu que a segurança exige alguns níveis significativos de análise e setores problemáticos abordados pelos estudos internacionais. Além disso, o conceito de segurança aproxima esses níveis e setores, criando uma perspectiva integrativa de segurança individual, nacional e global, e de segurança militar, política, social (conceito desenvolvido no início da década de 1990), econômica e ambiental. De acordo com Booth e Smith[39], a perspectiva de Buzan representou uma melhoria em termos do nível de análise da segurança, pois discutiu as mudanças no ambiente político enfrentadas pelos Estados no início da década

---

38   BUZAN, B. **People, States & Fear**: An Agenda for International Security Studies in the Post-Cold War Era = Pessoas, Estados e Medo: Uma Agenda para Estudos de Segurança Internacional na Era Pós-Guerra Fria. 2. ed. Colchester: Ecpr Press, 2007. p. 283.

39   BOOTH, K.; SMITH, S. **Critical Security Studies and World Politics** = Estudos Críticos de Segurança e Política Mundial. Boulder, Colorado: Lynne Rienner Publishers, 2005.

de 1980 e também o papel dos indivíduos como um grau de análise. No entanto, ainda assim, Buzan se concentrou no Estado como o objeto de estudo de referência principal, pois ele se situa entre o nível subestatal de segurança e a dinâmica dele operando dentro do sistema internacional[40].

Embora o relato de Buzan sobre segurança seja adequado para explicar os eventos levantados pelos ataques terroristas de 11 de setembro, ele não é adequado para elucidar os fatos após os atentados. Ao analisar o trabalho de Buzan, Booth e Smith[41] expressaram críticas sobre seu foco no Estado em vez de nos indivíduos como objeto de referência. Para os estudiosos, os Estados não são confiáveis como a principal referência de análise, pois nem todos estão envolvidos no negócio de segurança (interna e externa). Entre os produtores de segurança, ela representa um meio e não um fim. Por fim, os Estados são notavelmente diversos em suas características para servir de base para uma teoria abrangente de segurança.

Ayoob[42] divide o grau de análise em Estados desenvolvidos e subdesenvolvidos. Em sua opinião, há um padrão crucial diferente entre os Estados dos países em desenvolvimento e os países desenvolvidos ocidentais quando se trata de entender a segurança. De acordo com ele, há duas variáveis distintas nesse caso: o processo de formação dos Estados do Terceiro Mundo em comparação com os Estados desenvolvidos. Há também diferenças no padrão de recrutamento da elite, estabelecimento e manutenção do regime nos Estados do Terceiro Mundo em comparação com o mundo desenvolvido. Enquanto as preocupações com a segurança das nações desenvolvidas se dedicam ao sistema internacional, Ayoob[43] aponta que, nos Estados do Terceiro Mundo, o desenvolvimento tardio e o processo de descolonização atrasado resultaram em falta de legitimidade nesses países. Além disso, ele também destaca o baixo nível de consenso político e

---

40   BOOTH, K.; SMITH, S. **Critical Security Studies and World Politics** = Estudos Críticos de Segurança e Política Mundial. Boulder, Colorado: Lynne Rienner Publishers, 2005. p. 32.

41   BOOTH, K.; SMITH, S. **Critical Security Studies and World Politics** = Estudos Críticos de Segurança e Política Mundial. Boulder, Colorado: Lynne Rienner Publishers, 2005. p. 33.

42   AYOOB, M. Security in The Third World [Segurança no Terceiro Mundo]: The Worm About to Turn? **International Affairs**, v. 60, n. 1, p. 44, 1983.

43   AYOOB, M. Security in The Third World [Segurança no Terceiro Mundo]: The Worm About to Turn? **International Affairs**, v. 60, n. 1, p. 45, 1983.

social, que foi alcançado pelos Estados europeus séculos atrás por meio de revoluções e guerras internas. Portanto, essas divisões na estrutura social dos Estados do Terceiro Mundo exacerbaram o nível e a intensidade das ameaças internas às estruturas estatais.

Entretanto, de acordo com Booth e Smith[44], as opiniões de Ayoob retratam o Estado como a opção menos ruim para as nações do terceiro mundo. No entanto, nessa parte do mundo, o Estado é a principal fonte de ameaça à segurança das sociedades e populações. Como enfatizado por Posner[45] sobre o Brasil, onde a polícia combate o crime, mantém a ordem ou promove seus próprios interesses por meio de execuções extrajudiciais. Apesar de explicitar o caso do Brasil, a teoria pode oferecer uma explicação limitada se aplicada aos Estados Unidos, onde a polícia regional é mundialmente conhecida por abordagens abusivas e violentas contra a comunidade afro-americana. Exemplo claro desse fenômeno foi o caso de George Floyd, assassinado por estrangulamento por policiais em Minneapolis, em 2020. Com o avanço da tecnologia na era dos smartphones, a cena foi capturada por pedestres. As imagens rodaram o mundo e geraram uma comoção global com protestos, pedidos de justiça e questionamentos sobre o papel dúbio da polícia na segurança de indivíduos, especialmente os de afrodescendência.

Observando os estudos críticos de segurança, é possível encontrar uma crítica coerente e mais sustentada e uma alternativa aos estudos tradicionais de segurança. Os estudos críticos de segurança são explicitamente uma rejeição do realismo sem gerar uma teoria alternativa. Em vez disso, eles se apresentam como uma alternativa ao realismo, permitindo uma perspectiva mais ampla dos estudos de segurança[46].

Uma questão fundamental para a abordagem crítica da segurança é o conceito de emancipação. Conforme observado por Booth[47], a fonte mundial de ameaça ao bem-estar dos interesses

---

44 BOOTH, K.; SMITH, S. **Critical Security Studies and World Politics** = Estudos Críticos de Segurança e Política Mundial. Boulder, Colorado: Lynne Rienner Publishers, 2005. p. 45.
45 POSNER, Eric. The Twilight of Human Rights Law = O Crepúsculo da Lei de Direitos Humanos. Oxford: Oxford University Press, 2014. p. 2.
46 BOOTH, K.; SMITH, S. **Critical Security Studies and World Politics** = Estudos Críticos de Segurança e Política Mundial. Boulder, Colorado: Lynne Rienner Publishers, 2005. p. 45.
47 BOOTH, K. Security and Emancipation. **Review of International Studies**, v. 17, n. 4, p. 318, 1991.

de indivíduos e nações não deriva apenas de assuntos militares, mas também de colapso econômico, opressão política, escassez, superpopulação, rivalidade étnica, destruição da natureza, terrorismo, crime e doenças. Portanto, nessas situações, as pessoas são mais ameaçadas pelas políticas imprudentes de seu governo do que por alguma força externa. Booth[48] também oferece reflexões esclarecedoras, em um cenário tão complexo de múltiplas fontes de ameaça, ao dizer que a ordem nos assuntos mundiais depende de níveis mínimos de justiça política e social.

Portanto, o conceito de emancipação surge nesse contexto. Seu objetivo é libertar as pessoas (como indivíduos e grupos) da coerção física e humana que as impede de realizar o que elas escolheriam livremente[49]. Para esse autor, a emancipação, teatralmente, é a segurança e a conquista de uma segurança estável/verdadeira que só pode ser encontrada por pessoas e grupos se eles não privarem os outros dessa segurança.

No entanto, há um intenso debate sobre como abordar a segurança. O relato de Booth sobre a emancipação humana foi muito criticado devido ao seu foco no indivíduo em vez de no Estado, como proposto anteriormente pelos principais teóricos da segurança. Entretanto, o trabalho também consiste em uma crítica poderosa e uma alternativa para os estudos de segurança[50].

Ainda assim, para avançar e globalizar o tema, a compreensão do debate dentro do conceito contestado de segurança abrange também a passagem por uma gama diferente de estruturas de análise, como os estudos feministas de segurança.

O trabalho feminista se concentra na segurança como uma suposição intrinsecamente ligada ao gênero das relações internacionais tradicionais. A alegação central é que as relações internacionais são sistematicamente marcadas pelo gênero em suas consequências, formas de identidades e subjetividade, e que a disciplina é cega em relação ao gênero. Portanto, se as definições de segurança forem ampliadas, abrangendo questões econômicas

---

48 BOOTH, K. Security and Emancipation. **Review of International Studies**, v. 17, n. 4, p. 319, 1991.

49 BOOTH, K. Security and Emancipation. **Review of International Studies**, v. 17, n. 4, p. 319, 1991.

50 BOOTH, K.; SMITH, S. **Critical Security Studies and World Politics** = Estudos Críticos de Segurança e Política Mundial. Boulder, Colorado: Lynne Rienner Publishers, 2005. p. 45.

e ambientais, conforme explorado anteriormente nesta pesquisa, a agenda de segurança das mulheres também deverá ser abordada[51].

Em uma crítica às Relações Internacionais nos Estados Unidos, Tickner[52] afirma que a disciplina foi profundamente influenciada pela teoria da escolha racional, que molda os comportamentos dos indivíduos no mercado. O problema é que a prática é mais típica dos homens do que das mulheres. Nesse sentido, a guerra e a segurança nacional têm sido áreas em que as mulheres têm pouco a dizer.

Em comparação com a teoria internacional, que percebe o Estado como um ator racional unitário nas relações interestatais, a teoria feminista é sociológica. Ela tem suas contas para os laços sociais, especialmente as relações de gênero, que começam com o indivíduo inserido em estruturas sociais, políticas e econômicas hierárquicas. Essa estrutura de análise a transforma em uma teoria normativa e emancipatória que alcança o que as feministas chamam de "conhecimento prático", o conhecimento proveniente das práticas cotidianas da vida das pessoas[53] Nesse sentido, as feministas unem suas vozes às dos estudiosos críticos de segurança, conforme argumentado por Booth, na busca de uma agenda emancipatória[54].

A crítica feminista aponta para uma conceitualização diferente de segurança. Conforme argumentado por Booth e Smith[55], somente mostrando onde as mulheres se encaixam nas relações internacionais é que podemos entender como o poder realmente opera. Elas também afirmam que olhar para a segurança a partir da perspectiva das mulheres altera a definição de segurança a tal ponto que qualquer forma tradicional de estudos de segurança pode oferecer análise[56].

---

51 BOOTH, K.; SMITH, S. **Critical Security Studies and World Politics** = Estudos Críticos de Segurança e Política Mundial. Boulder, Colorado: Lynne Rienner Publishers, 2005. p. 45.
52 TICKNER, J. Feminist Responses to International Security Studies = Respostas feministas aos estudos de segurança internacional. **Peace Review**, v. 16, n. 1, p. 44, 2004.
53 TICKNER, J. Feminist Responses to International Security Studies = Respostas feministas aos estudos de segurança internacional. **Peace Review**, v. 16, n. 1, p. 45, 2004.
54 TICKNER, J. Feminist Responses to International Security Studies = Respostas feministas aos estudos de segurança internacional. **Peace Review**, v. 16, n. 1, p. 47, 2004.
55 BOOTH, K.; SMITH, S. **Critical Security Studies and World Politics** = Estudos Críticos de Segurança e Política Mundial. Boulder, Colorado: Lynne Rienner Publishers, 2005. p. 47.
56 BOOTH, K.; SMITH, S. **Critical Security Studies and World Politics** = Estudos Críticos de Segurança e Política Mundial. Boulder, Colorado: Lynne Rienner Publishers, 2005. p. 48.

Como Booth e Smith explicaram, o conceito de segurança é genuinamente contestado e também exige que as ideias de Estado, comunidade, emancipação e a relação desses temas entre o indivíduo, a sociedade, a economia e a política sejam igualmente contestadas. De acordo com eles[57], o resultado do aprofundamento do conceito de segurança leva a um cenário no qual os objetos de referência estão se concentrando em atores em vez de discussões sobre Estados. Além disso, a extensão e a ampliação maciça da segurança têm provocado questionamentos sobre se isso prejudica a utilidade do conceito[58].

Além disso, acrescentando ao debate sobre segurança, outros dois conceitos precisam ser analisados para se ter uma visão mais ampla do termo: ordem internacional e segurança humana

1.2 Ordem internacional: Repensando a Ordem Pós-1945

A ordem internacional é um dos estudos centrais das relações internacionais e nos oferece uma compreensão clara de como o sistema internacional funciona. De acordo com Gortzak[59], a ordem internacional explica a ascensão e a queda de grandes potências e, consequentemente, a distribuição de capacidades em uma luta dentro do sistema internacional.

Historicamente, as grandes potências têm competido entre si pela capacidade de moldar o sistema internacional. Espera-se que as que estão em ascensão imponham sua influência nesse sistema, criando sua ordem política que reflita e promova seus valores e interesses nacionais. No entanto, ao fazer isso, elas inevitavelmente desestabilizam o sistema, abrindo uma competição com seus pares que também estão dispostos a promover seus valores e interesses no sistema internacional[60].

---

57   BOOTH, K.; SMITH, S. **Critical Security Studies and World Politics** = Estudos Críticos de Segurança e Política Mundial. Boulder, Colorado: Lynne Rienner Publishers, 2005. p. 48.

58   BOOTH, K.; SMITH, S. **Critical Security Studies and World Politics** = Estudos Críticos de Segurança e Política Mundial. Boulder, Colorado: Lynne Rienner Publishers, 2005. p. 48.

59   GORTZAK, Y. How Great Powers Rule: Coercion and Positive Inducements In International Order Enforcement". **Estudos de Segurança**, v. 14, n. 4, p. 664, 2005.

60   GORTZAK, Y. How Great Powers Rule: Coercion and Positive Inducements In International Order Enforcement". **Estudos de Segurança**, v. 14, n. 4, p. 665, 2005.

No entanto, a obtenção dessa ordem também traz consigo diferentes desafios. Por exemplo, os Estados mais fracos, porém rebeldes, que não têm a capacidade ou a ambição de destruir a ordem imposta, não conseguem resistir a algumas ou a todas as regras obrigatórias dessa ordem. Gortzak afirma que tanto os registros históricos quanto os eventos recentes mostraram como a resposta firme a esses desafios pode ter consequências significativas para a ordem e a estabilidade internacionais.

Assim como o conceito de segurança, a compreensão da ordem internacional atual também pode ser contestada. Para Munro[61], a legitimidade da ordem global pós-1945, também conhecida como "ordem internacional liberal (LIO)", está em declínio nas nações em desenvolvimento e de renda média. Ele argumenta que a resposta para esse declínio é o resultado de estruturas organizacionais, regras escritas e não escritas. As instituições dessa ordem têm falhado cada vez mais em lidar com as realidades políticas e econômicas do século XXI[62].

Munro também ressalta que algumas estruturas que regulam algumas regras da ordem internacional, como a Organização das Nações Unidas (ONU), o Conselho de Segurança, o Banco Mundial e o Fundo Monetário Internacional (FMI), são lideradas pelo mundo do Atlântico Norte e pelo Japão, que definem a agenda global e não mudaram desde a década de 1940. Por outro lado, os países desenvolvidos e emergentes estão sujeitos a essas regras, normas e padrões, sem nenhum papel em sua formação. Além disso, o acadêmico também afirma que foram feitas mudanças marginais na ordem internacional que não refletem as mudanças nas relações de poder global, como a ascensão da China e da Índia no último quarto de século da história[63].

---

61   MUNRO, L. Strategies to Shape the International Order [Estratégias para moldar a ordem internacional]: Exit, Voice and Innovation Versus Expulsion, Maintenance and Absorption (Saída, voz e inovação versus expulsão, manutenção e absorção). **Revista Canadense de Estudos do Desenvolvimento** = Revue Canadienne D'études du Développement, v. 39, n. 2, p. 310, 2017.

62   MUNRO, L. Strategies to Shape the International Order [Estratégias para moldar a ordem internacional]: Exit, Voice and Innovation Versus Expulsion, Maintenance and Absorption (Saída, voz e inovação versus expulsão, manutenção e absorção). **Revista Canadense de Estudos do Desenvolvimento** = Revue Canadienne D'études du Développement, v. 39, n. 2, p. 310, 2017.

63   MUNRO, L. Strategies to Shape the International Order [Estratégias para moldar a ordem internacional]: Exit, Voice and Innovation Versus Expulsion, Maintenance and Absorption (Saída,

Analisando especialmente a segurança, para Glaser[64] quase toda interação internacional se qualifica como uma ordem internacional, desde que seus membros aceitem a norma de soberania. Portanto, todas as categorias básicas de arranjos de segurança, como hegemonia, equilíbrio de poder, segurança coletiva, concertos e comunidades de segurança, são consideradas como ordem de segurança internacional ou ordem parcial. Nesse sentido, a ordem de segurança pode variar dependendo do grau de competição e cooperação entre os Estados. Além disso, o poder e a coerção desempenham papéis centrais.

Como visto no conceito contestado de segurança, Glaser observou que muitos estudiosos têm empregado a LIO de forma mais ampla, seja para promover a democracia, combater o terrorismo, lutar contra a mudança climática, proteger os direitos humanos, comprometer-se com o crescimento econômico dos países em desenvolvimento, conter regimes de proliferação nuclear ou armas de destruição em massa, acordos comerciais ou buscar metas econômicas ou de segurança (ou até mesmo ambas)[65]. Esses múltiplos usos do debate internacional levaram a uma discussão entre acadêmicos e analistas sobre se a ordem internacional é um meio ou um fim. Glaser[66] argumenta que ela deve ser entendida como um meio, não como um fim. Portanto, falando da perspectiva da política externa dos EUA, ele sugere uma mudança de pensamento da LIO para a grande estratégia. De acordo com ele, a ordem internacional liberal oferece pouca vantagem analítica, certos argumentos são teocraticamente fracos e é uma fonte de confusão significativa sobre a evolução da política global. Por outro lado, como estrutura de análise, deve ser aplicada a lente da grande estratégia, definida por ele como políticas amplas – militares, diplomáticas e econômicas –,

---

voz e inovação versus expulsão, manutenção e absorção). **Canadian Journal of Development Studies** = Revue Canadienne D'études du Développement, v. 39, n. 2, p. 310, 2017.

64 GLASER, C. A Flawed Framework: Why the Liberal International Order Concept Is Misguided. **Segurança Internacional**, v. 43, n. 4, p. 55, 2019.

65 GLASER, C. A Flawed Framework: Why the Liberal International Order Concept Is Misguided. **Segurança Internacional**, v. 43, n. 4, p. 56, 2019.

66 GLASER, C. A Flawed Framework: Why the Liberal International Order Concept Is Misguided. **Segurança Internacional**, v. 43, n. 4, p. 57, 2019.

aprimorando o estudo das questões levantadas pela LIO em um contexto mais amplo dos desafios geopolíticos atuais[67].

1.3 Segurança humana: uma nova estrutura de análise

O conceito de Segurança Humana pode estar mudando desde sua criação no final da década de 1990. Para Glasius[68], a principal explicação para entender a segurança humana é uma noção oposta à segurança do Estado com um argumento que é indivisível. Portanto, os ricos globais não têm apenas um interesse moral, mas também um interesse prático na segurança dos vulneráveis. De forma mais ampla, a segurança humana abrange elementos como segurança econômica, segurança alimentar, segurança da saúde, segurança ambiental, segurança pessoal, segurança comunitária e segurança política.

Esse termo tem sido associado a algumas mudanças de paradigmas. Glasius[69] aponta que a segurança humana introduziu uma fuga do paradigma de segurança do Estado, enfatizando a natureza transnacional das ameaças em uma era global. Além disso, acrescentou à proteção dos cidadãos individuais, estendendo-a a todos os seres humanos.

A partir dessa perspectiva, outro debate foi levantado: os direitos ou os erros das intervenções humanitárias e se essas intervenções podem ou não ser caracterizadas como uma violação da soberania do Estado. A segurança humana, como afirma Glasius[70], não é um direito de intervir, mas uma responsabilidade de proteger, que eventualmente, se necessário, pode se estender além da fronteira.

---

67   GLASER, C. A Flawed Framework: Why the Liberal International Order Concept Is Misguided. **Segurança Internacional**, v. 43, n. 4, p. 82, 2019.

68   GLASIUS, M. Human Security from Paradigm Shift to Operationalization: Job Description For A Human Security Worker. **Security Dialogue**, v. 39, n. 1, p. 32, 2008.

69   GLASIUS, M. Human Security from Paradigm Shift to Operationalization: Job Description For A Human Security Worker. **Security Dialogue**, v. 39, n. 1, p. 36, 2008.

70   GLASIUS, M. Human Security from Paradigm Shift to Operationalization: Job Description For A Human Security Worker. **Security Dialogue**, v. 39, n. 1, p. 36, 2008.

Embora reconheça o valor dado pelo conceito de segurança humana, que destaca questões específicas dentro do sistema internacional, permitindo ganhos de curto prazo, Christie[71] apresenta suas críticas à ideia. Segundo ele, a segurança humana perdeu seu verdadeiro potencial crítico e se tornou uma nova ortodoxia.

Christie[72] reconhece que a segurança humana oferece uma estrutura para as comunidades falarem sobre segurança de uma forma que não era possível quando a segurança era entendida como uma capacidade vinculada ao Estado. Entretanto, ele observa que, apesar de seus relatos essenciais, a segurança humana tem sido consistente com um processo internacional mais amplo de intervencionismo global para aliviar a pobreza. Além disso, ela tem sido usada para justificar a expansão das funções dos atores tradicionais e justificar tecnologias de governança e controle social[73].

---

71   CHRISTIE, R. Critical Voices and Human Security: To Endure, To Engage or To Criticue? **Security Dialogue**, v. 41, n. 2, p. 169, 2010.
72   CHRISTIE, R. Critical Voices and Human Security: To Endure, To Engage or To Critique? **Security Dialogue**, v. 41, n. 2, p. 170, 2010.
73   CHRISTIE, R. Critical Voices and Human Security: To Endure, To Engage or To Critique? **Security Dialogue**, v. 41, n. 2, p. 169, 2010.

2. AS PMCS COMO UMA POSSÍVEL AMEAÇA À ORDEM INTERNACIONAL

O termo segurança, conforme explorado por este livro no tópico anterior, pode ser altamente discutível, debatido e contestado no meio acadêmico. Para fins de análise de questões de segurança, esta pesquisa usará o entendimento político-militar de Buzan, Waever e Wilde[74] de segurança como sobrevivência no sistema internacional e pode ser concebido sempre que uma questão for apresentada como uma ameaça existencial a um objeto de referência (tradicionalmente, mas não limitado ao Estado, abrangendo governo, território e sociedade). Ou seja, neste caso, uma Empresa Militar Privada (PMCs), como hipótese inicial desta pesquisa, também pode ser uma ameaça ao sistema de segurança internacional, definido por Buzan, Waever e Wilde[75] como firmemente enraizado nas tradições da política de poder.

É importante mencionar que a natureza das ameaças à segurança justifica o uso de forças extraordinárias, abrindo caminho para que o Estado se mobilize ou até mesmo tome poderes especiais para mitigar a ameaça existencial[76]. Os autores explicam que o perigo existencial só pode ser entendido em relação ao caráter do objeto de referência em questão. Em termos de política, essas ameaças podem ser traduzidas como princípios constitutivos de soberania, reconhecimento, legitimidade ou autoridade governamental[77]. Esses pontos nos levam ao foco original de análise deste livro, já que as PMCs, hipoteticamente, também poderiam violar a soberania, enfrentar a falta de legitimidade ou ameaçar a autoridade governamental.

Entretanto, conforme discutido nos tópicos anteriores, o próprio conceito de segurança é bastante complexo. Portanto,

---

74 BUZAN, B.; WAEVER, O.; WILDE, J. **Security**: A New Framework for Analysis = Segurança: Uma Nova Estrutura para Análise. Boulder, Colo: Lynne Rienner, 1998. p. 21.
75 BUZAN, B.; WAEVER, O.; WILDE, J. **Security**: A New Framework for Analysis = Segurança: Uma Nova Estrutura para Análise. Boulder, Colo: Lynne Rienner, 1998. p. 21.
76 BUZAN, B.; WAEVER, O.; WILDE, J. **Security**: A New Framework for Analysis = Segurança: Uma Nova Estrutura para Análise. Boulder, Colo: Lynne Rienner, 1998. p. 21.
77 BUZAN, B.; WAEVER, O.; WILDE, J. **Security**: A New Framework for Analysis = Segurança: Uma Nova Estrutura para Análise. Boulder, Colo: Lynne Rienner, 1998. p. 22.

para fins de análise, esta pesquisa compartilha opiniões semelhantes às de Booth e Smith[78] de que não há dúvida de que o conceito de segurança precisa ser desafiado e contestado, especialmente quando sua definição tradicional está ligada à filosofia natural de investigação apresentada pelo mundo da segurança internacional, conforme estudado por este autor. Talvez uma combinação híbrida do pensamento tradicional de segurança com visões contestadas do termo seja uma ferramenta poderosa como estrutura de análise que busca "respostas" por meio de diferentes perspectivas. Como disse Baldwin[79], as respostas para os problemas de hoje não estão nas conclusões da antiga geração de estudiosos de segurança. Entretanto, eles apresentaram algumas das perguntas certas.

Além disso, o surgimento da literatura sobre novas guerras, conforme mencionado nos capítulos anteriores, indica as maneiras pelas quais a segurança estava mudando e como os formuladores de políticas estavam prestando cada vez mais atenção às condições internas dos Estados[80].

Sob essa perspectiva, a discussão precisa incorporar a privatização ou a terceirização da guerra. Coker[81] classifica o momento atual como uma guerra pós-moderna, em que a sociedade pós-moderna pode usar a guerra como um instrumento político e o *ethos* comercial está desafiando o objetivo profissional tradicional das forças armadas. Nesse contexto, segundo o autor, a guerra é terceirizada para o setor privado na forma de empresas mercenárias privadas. Coker[82] observa que a política está se tornando cada vez mais privatizada, e não é mais um poder compartilhado com as empresas, mas o *ethos* comercial está desafiando a filosofia do serviço público.

---

78   BOOTH, K.; SMITH, S. **Critical Security Studies and World Politics** = Estudos Críticos de Segurança e Política Mundial. Boulder, Colorado: Lynne Rienner Publishers, 2005. p. 58.

79   BALDWIN, D. Security Studies and the End of the Cold War = Estudos de Segurança e o Fim da Guerra Fria. **World Politics**, v. 48, n. 1, p. 141, 1995.

80   CHRISTIE, R. Critical Voices and Human Security: To Endure, To Engage or To Critique? = Vozes Críticas e Segurança Humana. **Security Dialogue**, v. 41, n. 2, p. 172, 2010.

81   COKER, C. Outsourcing War = Terceirização da Guerra. **Cambridge Review of International Affairs**, v. 13, n. 1, p. 95, 1999.

82   COKER, C. Outsourcing War = Terceirização da Guerra. **Cambridge Review of International Affairs**, v. 13, n. 1, p. 102, 1999.

Nesse cenário, a lógica dos mercados foi incorporada à essência do Estado e ao pensamento do governo. Coker[83] destaca o caso da Grã-Bretanha nesse contexto. Em 1996, o exército britânico se absteve de intervir em uma crise de refugiados em Great Lakes, na África, para não estourar o orçamento. Em 1999, o país tomou a mesma decisão em relação à eclosão da guerra civil em Serra Leoa. O Reino Unido foi um dos primeiros países a adotar o modelo de mercado de terceirização de atividades anteriormente realizadas pelos Estados para empresas privadas. Na década de 1990, a nação contratou empresas privadas para realizar tarefas como reforma de navios, gerenciamento de lojas não militares, manutenção de aeronaves designadas e suporte de engenharia em estações de treinamento. O Reino Unido também abriu licitação para contratos de fretamento aéreo, bem como para a movimentação de equipamentos do exército por via aérea. O Partido Trabalhista classificou a movimentação como uma questão de segurança nacional.

Há também uma discussão entre analistas e acadêmicos sobre a relação *tooth-to-tail ratio (T3R)*, a relação comparativa entre o número de forças de armas de combate e o número de tropas de apoio em uma organização militar. A escala é crucial, pois aumenta ou diminui o poder de combate de um exército e é considerada uma fonte estática para justificativa e alocação de recursos[84]. No caso dos Estados Unidos, atualmente classificados como a força militar mais poderosa do mundo, a redução do tamanho do exército ganhou impulso após o fim da Guerra Fria. Além disso, a estratégia nacional e militar americana mudou significativamente, por exemplo, empregando empreiteiros civis no Iraque, Afeganistão e Kuwait como parte da força para conduzir operações não relacionadas a combate, assumindo muitas atividades logísticas e de suporte à vida[85]. Hoje em dia, as PMCs fornecem não apenas operações de combate, mas também funções

---

83   COKER, C. Outsourcing War = Terceirização da Guerra. **Cambridge Review of International Affairs**, v. 13, n. 1, p. 102, 1999.
84   CARTER Jr., J. The Tooth to Tail Ratio: Considerations for Future Army Force Structure = Considerações sobre a futura estrutura da força do exército. Apps.Dtic.Mil, 1997. p. 3.
85   MCGRATH, J. **The Other End of The Spear**: The Tooth-To-Tail Ratio (T3r) In Modern Military Operations = A outra ponta da lança. Apps.Dtic.Mil., 2007. p. 66.

militares personalizadas, como logística, transporte, serviços de alimentação ou operações de ajuda humanitária[86]. Para Carter Jr.[87], é altamente improvável que o futuro inverta o curso. Além disso, a natureza da guerra e da tecnologia mudou, chegando a um ponto em que são necessárias menos tropas de combate[88].

O Exército dos Estados Unidos reduziu ou até eliminou as segundas forças de apoio, criando um desequilíbrio no *T3R* e, de acordo com Carter, Jr., gerando ameaças à eficácia do exército[89]. A Grã-Bretanha seguiu o mesmo caminho, privatizando a "cauda" (*tail*), o apoio logístico que sustenta um exército em campo. Posteriormente, o governo britânico se abriu para os chamados "dentes" (*tooth*), as armas usadas pelos próprios militares[90].

Por outro lado, os Estados Unidos também deram passos significativos e determinantes para a privatização da guerra. Em 1998, o país solicitou à *DynCorp* que fornecesse tropas americanas para uma missão de observação em Kosovo, para acompanhar a retirada das forças sérvias. A decisão foi considerada pelos analistas de defesa como o primeiro passo da "privatização da guerra" para a "privatização da manutenção da paz", já que a medida evitou riscos políticos de os americanos perderem suas vidas enquanto serviam nos Bálcãs. Além disso, foi a primeira vez que um contratado privado americano substituiu a força do exército nacional em combate onde não havia um acordo formal de cessar-fogo[91].

O cenário da privatização trouxe de volta os mercenários. Eles não são exatamente novos. No passado, os mercenários lutaram na Itália nos séculos XIV e XV e nas guerras napoleônicas[92]. Entretanto, hoje em dia, eles fazem parte dos desenvolvimentos

---

86 FULLOON, M. Non-State Actor: Defining Private Military Companies. **Strategic Review for Southern Africa**, v. 37, n. 2, p. 29, 2015.

87 CARTER JR., J. **The Tooth to Tail Ratio**: Considerations for Future Army Force Structure. Apps.Dtic.Mil, 1997. p. 27.

88 MCGRATH, J. **The Other End of The Spear**: The Tooth-To-Tail Ratio (T3r) In Modern Military Operations = A outra ponta da lança. Apps.Dtic.Mil., 2007. p. 74.

89 CARTER JR., J. **The Tooth to Tail Ratio**: Considerations for Future Army Force Structure. Apps.Dtic.Mil, 1997. p. 27.

90 COKER, C. Outsourcing War = Terceirização da Guerra. **Cambridge Review of International Affairs**, v. 13, n. 1, p. 103, 1999.

91 COKER, C. Outsourcing War = Terceirização da Guerra. **Cambridge Review of International Affairs**, v. 13, n. 1, p. 107, 1999.

92 COKER, C. Outsourcing War = Terceirização da Guerra. **Cambridge Review of International Affairs**, v. 13, n. 1, p. 105, 1999.

contemporâneos, em meio à extensão lógica da globalização, da tecnologia e da doutrina econômica liberal, e prosperaram no mundo pós-Guerra Fria. Coker destaca que o mercado de assistência militar privada está em expansão. Do Azerbaijão ao Zaire (atualmente conhecido como República Democrática do Congo), eles têm desorganizado e, às vezes, desmoralizado forças militares, ajudando ditadores de segundo escalão a permanecer no poder ou países em desenvolvimento que tentam proteger seus depósitos minerais. Algumas estão entrando no mercado da guerra com a aparente intenção de transformá-la em um negócio e obter lucro[93]. Nesse contexto, as empresas militares privadas também podem ser divididas em quatro categorias: as PMC ofensivas de combate, as PMC defensivas de combate, as PMC ofensivas sem combate e, por fim, as PMC defensivas sem combate[94].

Além desse debate sobre a criação de um espaço em expansão para as empresas militares privadas, há o fato de que os governos estão perdendo o monopólio exclusivo da violência. Em alguns países, o Estado não consegue fornecer a seus cidadãos nem mesmo padrões mínimos de segurança e, em um contexto mais profundo, Estados fracos têm visado seus cidadãos ou retirado a proteção deles[95].

Como afirma Booth[96], em termos históricos, há um reconhecimento constante, mas desigual, de que os custos do uso da força militar estão aumentando, enquanto os benefícios estão diminuindo. Essa afirmação se encaixa na afirmação de Coker de que as guerras mudaram com frequência e mudarão novamente[97].

Portanto, é plausível prever que os governos de continentes como a África terão vários motivos para terceirizar os serviços militares para o setor privado no futuro. Ultimamente, as guerras

---

93   COKER, C. Outsourcing War = Terceirização da Guerra. **Cambridge Review of International Affairs**, v. 13, n. 1, p. 96, 1999.

94   FULLOON, M. Non-State Actor: Defining Private Military Companies. **Strategic Review for Southern Africa**, v. 37, n. 2, p. 29, 2015.

95   COKER, C. Outsourcing War = Terceirização da Guerra. **Cambridge Review of International Affairs**, v. 13, n. 1, p. 109, 1999.

96   BOOTH, K. Security and Emancipation. **Review of International Studies**, v. 17, n. 4, p. 324, 1991.

97   COKER, C. Outsourcing War = Terceirização da Guerra. **Cambridge Review of International Affairs**, v. 13, n. 1, p. 96, 1999.

não têm sido lucrativas e as empresas privadas podem oferecer melhores negócios a preços baixos. No caso de um governo lidar com assuntos militares, o custo pode ser mais alto, pois há uma força de trabalho intensa para gerenciar, e os governos gostam do sistema de apoio e de proporções exorbitantes entre os "dentes" e a "cauda", conforme explicado anteriormente. Por outro lado, as empresas tendem a manter um número mínimo de tropas em campo e um pequeno reforço na reserva para manter os custos em um nível mais baixo. Elas também conseguem fazer isso aumentando os prêmios de seguro[98]. Coker resume essa lógica dizendo que tudo é um fator do preço da mão de obra, que é regulado pelo mercado, não pelos governos.

Coker argumenta que no Ocidente, onde esses custos não podem mais ser sustentados, grande parte da "cauda" está sendo privatizada para preservar o "dente" profissional. Como exemplo, temos a *Brown & Root*, contratada pelos Estados Unidos para gerenciar tudo, desde a purificação da água até o processo de devolução de corpos ao solo americano[99].

Ao mesmo tempo, a ordem internacional estabelecida desde os eventos pós-1945 também pode estar prestes a mudar a forma como é concebida atualmente. A desordem global já é uma grande preocupação de segurança para os Estados Unidos, como destacou a Estratégia de Defesa Nacional dos EUA de 2018:

> Hoje, estamos saindo de um período de atrofia estratégica, cientes de que nossa vantagem militar competitiva está se desgastando. Estamos enfrentando uma desordem global cada vez maior, caracterizada por um declínio na ordem internacional baseada em regras de longa data, criando um ambiente de segurança mais complexo e volátil do que qualquer outro que tenhamos vivenciado nos últimos tempos. A competição estratégica entre estados, e não o terrorismo, é agora a principal preocupação da segurança nacional dos EUA (Dod.defense.gov, 2019, p. 1).

---

98   COKER, C. Outsourcing War = Terceirização da Guerra. **Cambridge Review of International Affairs**, v. 13, n. 1, p. 108, 1999.

99   COKER, C. Outsourcing War = Terceirização da Guerra. **Cambridge Review of International Affairs**, v. 13, n. 1, p. 108, 1999.

Essa afirmação está de acordo com a análise original desta pesquisa, pois as PMCs podem agir ou ajudar a desestabilizar o sistema de segurança internacional da forma como ele é entendido atualmente, especialmente quando essas empresas estão trabalhando em favor dos chamados Estados desonestos. A Estratégia de Defesa Nacional dos EUA de 2018 alega que tanto as potências revisionistas quanto os regimes desonestos "aumentaram os esforços sem conflitos armados, expandindo a coerção para novas frentes, violando os princípios de soberania, explorando a ambiguidade e deliberadamente obscurecendo as linhas entre os objetivos civis e militares"[100]. Além disso, o documento também menciona os rápidos avanços tecnológicos e a mudança no caráter da guerra, conforme defendido nesta pesquisa, por novas tecnologias e atores não estatais com recursos sofisticados de interrupção em massa[101].

O erro de cálculo dos defensores da ordem liberal levou à aplicação excessiva da segurança humana em todo o mundo, especialmente após a Guerra Global Contra o Terror. Conforme apontado por Christie[102], pelo menos, esperava-se que a defesa contínua da segurança humana garantisse os cálculos do impacto das respostas militares subsequentes, o que implicaria uma avaliação dos custos para as vidas das pessoas no Afeganistão e no Iraque.

É interessante notar que o relatório da Estratégia Nacional de Defesa dos Estados Unidos cita a Rússia como uma das principais preocupações para os interesses dos EUA, traduzidos na manutenção da ordem internacional liberal pós-Guerra Fria. De fato, a Rússia tem contado fortemente com o *Wagner Group,* uma chamada PMC (já que há discordâncias entre os analistas devido ao protocolo de atuação do sombrio *Wagner Group*) leal às ambições do Kremlin, expandindo suas pegadas e influência na Ucrânia, Síria, Sudão, República Centro-Africana e, de acordo com relatórios, possivelmente na Líbia e certamente na Venezuela[103]. Ou seja, o *Wagner Group* poderia, de fato, minar os interesses

---

100 Dod. Governo de Defesa [Online 2018] 4.
101 Dod. Governo de Defesa [Online2018] 4.
102 CHRISTIE, R. Critical Voices and Human Security: To Endure, To Engage or To Criticue? = Vozes Críticas e Segurança Humana. **Security Dialogue**, v. 41, n. 2, p. 174, 2010.
103 REYNOLDS, N. Putin's Not-So-Secret Mercenaries: Patronage, Geopolitics, And the Wagner Group = Os Mercenários Não Tão Secretos de Putin. **Carnegie Endowment for International Peace**, jul. 2019.

americanos, como fez na Ucrânia. Embora a empresa tenha uma capacidade limitada de travar uma guerra por si só, ela pode criar problemas suficientes para impedir que os tomadores de decisão ocidentais impeçam uma resposta adequada e robusta. Fora do espectro geopolítico, é provável que o *Grupo Wagner* agrave os problemas de corrupção, direitos humanos e o estado de direito onde quer que opere, conforme afirma Reynolds[104] mesmo depois da morte de seu líder Yevgeny Prigozhiz em um acidente aéreo fatal cercado de dúvidas em 2023. Além disso, com um número de 3.600 a 5.000 combatentes em locais secretos, a empresa vem reduzindo o risco político para o presidente da Rússia, Vladimir Putin[105]. Apesar disso, o próprio *Wagner Group* – que ora serviu como um braço coercitivo silencioso para as ambições globais do Kremlin – se apresentou ao mundo como afronta à essência da ordem do Estado quando realizou em 2023 um motim desafiando a autoridade de Vladimir Putin na Rússia com combatentes do grupo ocupando uma base militar no sul do país e organizando uma marcha rumo à capital Moscou. A grave rebeldia do grupo só terminou depois de um acordo mediado pelo líder do Belarus, Alexander Lukashenko. Apenas este episódio, de forma empírica, corrobora a tese inicial deste livro sobre a grande capacidade de desestabilização das PMCs no cenário global que, neste caso, foi capaz de enfraquecer a imagem pública internacional do líder da segunda maior potência militar do planeta.

Essa pesquisa também considera os relatos de Reynolds[106] que nos levam a uma rota de colisão com a Teoria da Paz Democrática. Owen[107] explica que a teoria fala sobre o fato de que as democracias raramente ou nunca entram em guerra umas contra as outras. A democracia liberal é um estado que compartilha ideias liberais, em que o liberalismo é a ideologia dominante, e

---

104 REYNOLDS, N. Putin's Not-So-Secret Mercenaries: Patronage, Geopolitics, And the Wagner Group = Os Mercenários Não Tão Secretos de Putin. **Carnegie Endowment for International Peace**, jul. 2019.
105 REYNOLDS, N. Putin's Not-So-Secret Mercenaries: Patronage, Geopolitics, And the Wagner Group = Os Mercenários Não Tão Secretos de Putin. **Carnegie Endowment for International Peace**, jul. 2019.
106 REYNOLDS, N. Putin's Not-So-Secret Mercenaries: Patronage, Geopolitics, And the Wagner Group = Os Mercenários Não Tão Secretos de Putin. **Carnegie Endowment for International Peace**, jul. 2019.
107 OWEN, J. How Liberalism Produces Democratic Peace = Como o Liberalismo Produz a Paz Democrática. **Segurança Internacional**, v. 19, n. 2, p. 87, 1994.

os cidadãos têm poder sobre as decisões de guerra por meio da liberdade de expressão ou de eleições regulares dos tomadores de decisão com poderes para declarar guerra. Nesse sentido, Owen afirma que a ideologia e as instituições liberais trabalham para promover a paz democrática. Além disso, os governos liberais em exercício têm relações harmoniosas com outras democracias.

A ideologia liberal também pressupõe que os indivíduos estão fundamentalmente buscando a autopreservação e o bem-estar material. Portanto, a liberdade é essencial para atingir esse objetivo, e a paz é necessária para atingir a liberdade na democracia, que é pacífica e confiável. Por outro lado, a coerção e a violência são contraproducentes. Portanto, essa suposição conclui que todos os indivíduos compartilham o interesse pela paz, e a guerra deve ser apenas um meio de alcançar essa paz. Ao contrário, as não-democracias podem ser perigosas, pois buscam outros fins[108].

Dito isso, em um caso de ameaça de guerra com o Estado que a oposição liberal considera uma democracia companheira, os liberais tomam as medidas adequadas para evitar hostilidades usando a liberdade de expressão garantida por lei. Portanto, os líderes não liberais não conseguem reunir o público para lutar e temem que uma guerra impopular leve ao seu fracasso na próxima eleição[109]. Ou seja, as sociedades liberais não exercem seu direito democrático de votar para fazer a guerra. O desencadeamento de guerras impopulares representa um risco político para os governantes e tomadores de decisão.

Na perspectiva de revisão da Teoria da Paz Democrática, Owen argumenta que ninguém sabe ao certo por que as democracias não lutam entre si e lutam contra as não-democracias. Além disso, o mecanismo causal por trás da democracia é desconhecido, e não há certeza se a paz é genuína[110].

Entretanto, para superar a Teoria da Paz Democrática e travar a guerra, alguns estadistas usam soluções modernas, como a tecnologia para minimizar as perdas humanas em conflitos armados. As sociedades avançadas precisam recorrer a essa prática

---

108 OWEN, J. How Liberalism Produces Democratic Peace = Como o Liberalismo Produz a Paz Democrática. **Segurança Internacional**, v. 19, n. 2, p. 88, 1994.
109 OWEN, J. How Liberalism Produces Democratic Peace = Como o Liberalismo Produz a Paz Democrática. **Segurança Internacional**, v. 19, n. 2, p. 89, 1994.
110 OWEN, J. How Liberalism Produces Democratic Peace = Como o Liberalismo Produz a Paz Democrática. **Segurança Internacional**, v. 19, n. 2, p. 88, 1994.

se quiserem manter sua capacidade de agir. Essas sociedades denominadas pós-heroicas são incapazes de suportar as pesadas perdas durante a guerra. Portanto, a resposta para resolver essa equação é contar com a superioridade tecnológica ou com o emprego de mercenários, que incluem aqueles que não fazem parte do eleitorado do governo em guerra[111].

Teoricamente, para classificar as sociedades industriais modernas e as economias baseadas em serviços como sociedades pós-heroicas, o sacrifício e a honra não são de importância central, uma vez que elas não estão particularmente prontas para a guerra, conforme colocado por Strachan, Herberg-Rothe e Münkler[112]. Eles podem sentir alguma empolgação de curto prazo causada pela mídia. Entretanto, a fraude com o governo se torna de conhecimento público. De repente, o entusiasmo acelerado entra em colapso, e o governo precisa se preocupar com sua reeleição. Portanto, o uso de empresas militares privadas reduz esses problemas. Pode haver riscos políticos, mas a pressão sobre a responsabilidade do governo em caso de perdas substanciais é aliviada, se os feridos ou mortos não forem de seus eleitores domésticos. Esse tipo de pressão aumenta a privatização da guerra, conforme especificado por Herberg-Rothe e Münkler[113].

Falando sobre a Era da Guerra Asocial, Merom diz que as democracias combatentes precisam sincronizar dois lados: o campo de batalha e o lar[114]. Portanto, as democracias poderosas fracassaram nas guerras de contrainsurgência porque não conseguiram resolver o dilema anterior. Por um lado, a classe média instruída se opõe ao sacrifício quando percebe uma guerra não existencial. Por outro lado, essa classe desenvolveu uma oposição altruísta à brutalidade indiscriminada[115].

---

111   STRACHAN, H.; HERBERG-ROTHE, A.; MÜNKLER, H. **Clausewitz in the Twenty-First Century** = Clausewitz no Século XXI. Oxford University Press, 2007. p. 222.

112   STRACHAN, H.; HERBERG-ROTHE, A.; MÜNKLER, H. **Clausewitz in the Twenty-First Century** = Clausewitz no Século XXI. Oxford University Press, 2007. p. 228.

113   STRACHAN, H.; HERBERG-ROTHE, A.; MÜNKLER, H. **Clausewitz in the Twenty-First Century** = Clausewitz no Século XXI. Oxford University Press, 2007. p. 229.

114   MEROM, G. G. The age of asocial war: democratic intervention and counterinsurgency in the twenty-first century = A era da guerra social: intervenção democrática e contrainsurgência no século XXI. **Australian Journal of International Affairs**, v. 66, n. 3, p. 370, 2012.

115   MEROM, G. G. The age of asocial war: democratic intervention and counterinsurgency in the twenty-first century = A era da guerra social: intervenção democrática e contrainsurgência

Entretanto, as democracias liberais são capazes de aprender, e elas aprenderam o que causou seu fracasso no passado. Assim, elas conseguiram, mesmo que às vezes com falhas, superar esses obstáculos. Uma dessas lições é que o campo de batalha deve estar o mais longe possível da sociedade doméstica. Além disso, as democracias liberais tiveram permissão para lutar nas Guerras Sociais. Além disso, a tecnologia da Revolução em Assuntos Militares (RMA) ajudou a reduzir as forças em terra[116].

A terceirização que depende de aliados, proxies e PMCs também é apontada por Merom como uma ferramenta usada pelas democracias para manter a sociedade em casa longe do conflito e, mais importante, de seus riscos e custos[117].

Pensando no pior cenário possível, as guerras futuras poderiam ser imaginadas como senhores da guerra, que transformaram a guerra em um empreendimento lucrativo, lutando de um lado. Ao mesmo tempo, as PMCs realizam intervenções humanitárias em nome de algum estado. Isso seria o retorno às condições pré-existentes na Europa entre os séculos XIV e XVII[118]. No entanto, Coker argumenta exatamente o contrário, dizendo que é improvável que voltemos a uma perspectiva econômica neo-mercantilista[119]. Em sua opinião, as empresas transnacionais nunca procuraram desafiar os Estados, pois dependem deles para garantir seu quase monopólio, o que gera a maximização dos lucros e depende dos governos para conter a eclosão de distúrbios civis. Coker vê o futuro das PMCs e dos Estados como uma mera parceria entre os setores público e privado, e não como uma substituição do público pelo privado. Citando Clausewitz, ele afirma que é improvável que a guerra se torne um comércio[120].

---

no século XXI. **Australian Journal of International Affairs**, v. 66, n. 3, p. 369, 2012.

116   MEROM, G. G. The age of asocial war: democratic intervention and counterinsurgency in the twenty-first century = A era da guerra social: intervenção democrática e contrainsurgência no século XXI. **Australian Journal of International Affairs**, v. 66, n. 3, p. 366, 2012.

117   MEROM, G. G. The age of asocial war: democratic intervention and counterinsurgency in the twenty-first century = A era da guerra social: intervenção democrática e contrainsurgência no século XXI. **Australian Journal of International Affairs**, v. 66, n. 3, p. 375, 2012.

118   STRACHAN, H.; HERBERG-ROTHE, A.; MÜNKLER, H. **Clausewitz in the Twenty-First Century** = Clausewitz no Século XXI. Oxford University Press, 2007. p. 229.

119   COKER, C. Outsourcing War = Terceirização da Guerra. **Cambridge Review of International Affairs**, v. 13, n. 1, p. 112, 1999.

120   COKER, C. Outsourcing War = Terceirização da Guerra. **Cambridge Review of International Affairs**, v. 13, n. 1, p. 112, 1999.

No entanto, o mesmo Coker, quando escreveu seu artigo em 1999, disse que o que estava faltando era um código de prática internacional para regulamentar o comércio, que provavelmente seria introduzido em breve. No entanto, quase 10 anos depois, o Documento de Montreux, não vinculativo, foi lançado como parte de um esforço internacional do governo da Suíça, do Comitê Internacional da Cruz Vermelha (CICV) e do consenso de outros 17 estados, para promover o respeito à lei humanitária internacional e à lei de direitos humanos sempre que as PMCs e as empresas de segurança estiverem presentes em conflitos armados (Comitê Internacional da Cruz Vermelha, 2019).

Compartilhando preocupações sobre a mesma questão que Coker, o documento afirma que as PMSCs[121] foram deixadas sem supervisão pelos Estados e não há regulamentações internacionais específicas para elas. O documento de Montreux também afirma que o Direito Internacional Humanitário se aplica às PMSCs. No entanto, havia uma clara necessidade de explicitar as regras para elas e oferecer conselhos práticos sobre como lidar com seus negócios. (Documento de Montreux sobre Obrigações Legais Internacionais Pertinentes e Boas Práticas para Estados relacionados a Operações de Empresas Militares e de Segurança Privadas durante Conflitos Armados: Montreux, 17 de setembro de 2008, 2008).

Nesse sentido, o documento, que foi endossado pelos estados, é uma mensagem clara de que as PMCs podem ser entendidas como uma ameaça pelas nações, revertendo a afirmação de Coker de que as empresas transnacionais nunca procuraram desafiar os estados. Sendo assim, por que 17 estados, o CICV e o governo da Suíça promoveriam um guia com obrigações internacionais para as PMCs se as empresas privadas não fossem vistas como uma ameaça em algum grau?

Até 2019, não havia regulamentações internacionais sobre PMCs. Principalmente porque, de acordo com a Convenção de Genebra, há apenas uma menção a "mercenários", um termo não aplicável às PMCs, e a Convenção das Nações Unidas contra o Recrutamento, de 1989, trata o financiamento e o treinamento de mercenários como o mesmo problema. Além disso, os esforços unilaterais para gerenciar as PMCs enfrentam desafios devido à natureza globalizada do setor. As PMCs são

---

121   Acrônimo de Private Military & Security Companies (PMSCs).

frequentemente criadas, dissolvidas, fundidas, ramificadas e transferidas de um local para outro, o que torna mais difícil rastrear e regulamentar[122].

Entretanto, vale a pena mencionar o Código Internacional de Conduta para a Associação de Prestadores de Serviços de Segurança Privada (ICoCA). No entanto, não se trata de um tratado internacional obrigatório ou de um organismo regulador, mas de uma associação com várias partes interessadas que tenta promover, governar e supervisionar a implementação de um código internacional para que as PMCs respeitem os direitos humanos e o direito internacional. Na associação, há sete governos, 91 PSCs[123], 33 organizações civis e 35 observadores[124]. O código de conduta voluntário não é uma resposta à cultura de impunidade que as PMCs operam. Em vez disso, ele é usado pelas empresas para legitimar as práticas existentes no setor e impedir a introdução de regulamentação juridicamente vinculativa. Além disso, a ICoCA não tem sanções claras contra as empresas que violam seus princípios, e a capacidade de monitorar independentemente seus membros no campo é mínima. Somando-se a isso, a ICoCA não tem poder para decidir sobre uma reclamação ou conceder qualquer reparação. Em termos práticos, as possíveis vítimas de violações dos direitos humanos das PMCs não podem buscar reparação por meio da ICoCA[125].

Embora não concorde com os diagnósticos de Coker sobre o futuro das PMCs, este livro compartilha um ponto em comum com sua preocupação com a operação militar privada, que é a falta de regulamentação. Coker[126] apontou algumas questões alarmantes sobre a operações das PMCs, como a necessidade da comunidade internacional de garantir que os atores privados sigam os mesmos padrões da lei internacional que os exércitos nacionais devem seguir. Em segundo lugar, como as forças armadas privadas frequentemente não fazem parte das tropas regulares e geralmente não têm conexão ética com a população

---

122 Globalpolicy.org. Regulamentação e supervisão de PMSCS (2019).
123 Acrônimo de empresa de segurança privada.
124 Icoca.ch.Membership | Icoca – Associação Internacional do Código de Conduta (2019).
125 Waronwant.org. Mercenaries Unleashed – The Brave New World of Private Military and Security Companies (2016).
126 COKER, C. Outsourcing War = Terceirização da Guerra. **Cambridge Review of International Affairs**, v. 13, n. 1, p. 109, 1999.

civil dos países em que operam, a regulamentação é essencial. Afinal de contas, alguns dos funcionários das PMCs foram dispensados de serviços militares anteriores devido a problemas disciplinares, portanto, a regulamentação é essencial.

As PMCs estão crescendo enormemente em poder. Relatórios também sugerem que algumas PMCs são capazes até mesmo de travar guerras cibernéticas e podem ter a capacidade de derrubar países e roubar seus recursos[127]. Cada vez mais, as armas e o poder estão sendo administrados pelo setor privado, em vez de pelo Estado. Como resultado, a autoridade do Estado pode ser minada e a confiança entre os governos, quebrada[128], como ocorreu com a rebeldia do *Wagner Group* na Rússia. As PMCs foram até mesmo chamadas de "uma das maiores ameaças à segurança do século XXI" por Sean McFate, professor de estratégia da Universidade de Defesa Nacional e da Universidade de Georgetown, em uma entrevista recente[129].

Para abordar a ameaça das PMCs, o próximo capítulo analisará o episódio da *Blackwater* por meio de um método de estudo de caso. Esse método foi escolhido porque o estudo de caso é adequado ao estudo da ciência política, além de ser valioso no estágio em que as teorias candidatas são testadas[130]. A *Blackwater* representa a singularidade de um caso para analisar se as PMCs podem desestabilizar o sistema de segurança internacional.

---

127 TAHIR, T. Como a próxima potência global do mundo pode ser um exército privado de mercenários. **The Sun**, 2019.
128 GAFAROV, O. **Rise of China's Private Armies** = Ascensão dos exércitos privados da China. Chatham House, 2019.
129 TAHIR, T. Como a próxima potência global do mundo pode ser um exército privado de mercenários. **The Sun**, 2019.
130 HAMMERSLEY, M.; FOSTER, P.; GOMM, R.; ECKSTEIN, H. **Case Study Method**. Londres: Sage, 2000. p. 119.

3. A *BLACKWATER* RETRATADA COMO UMA AMEAÇA À SEGURANÇA

O caso Blackwater é um dos mais emblemáticos envolvendo uma PMC e apresenta uma vasta possibilidade de análise para entender se uma PMC pode representar uma ameaça ao sistema de segurança internacional. Este livro encontrou análises, relatórios técnicos e descobertas de acadêmicos sobre as operações da Blackwater no Iraque que ajudaram a produzir uma avaliação aprofundada. Com base nessas evidências, lendo e comparando-as com a literatura anterior, é possível verificar que, em algum grau, as PMCs, quando operam em um espaço com falta de regulamentação, podem causar alguma desestabilização no sistema de segurança internacional. A guerra do Iraque também é um escopo valioso de análise, pois foi a implantação mais maciça de PMCs na história da guerra, incluindo mais de 60 empresas contratando 20.000 funcionários privados[131]. Além disso, a guerra do Iraque funcionou como uma incubadora não apenas para as PMCs americanas, mas também para as PMCs britânicas[132].

Como uma PMC de Combate Defensivo, a *Blackwater* foi fundada em 1997 pelo ex-*Navy Seal* da Marinha dos EUA Erik Prince e forneceu segurança militar para governos, corporações em todo o mundo e destacamentos de segurança pessoal para missões militares e diplomáticas. A *Blackwater* ganhou seu primeiro contrato de segurança em 2002, por seis meses, no valor de US$ 5,4 milhões, pela CIA[133], para proteger os ativos da agência em Cabul, no Afeganistão[134].

No início de 2003, a *Blackwater* ganhou ainda mais contratos para atuar na guerra do Iraque com a missão principal de

---

131 WELCH, M. Fragmented Power and State-Corporate Killings: A Critique of Blackwater In Iraq. = Poder Fragmentado e Assassinatos de Empresas Estatais. **Crime, Law and Social Change**, v. 51, p. 3-4, p. 354, 2008.
132 Waronwant.org. Mercenaries Unleashed – The Brave New World of Private Military and Security Companies (2016).
133 Agência Central de Inteligência do Governo Federal dos Estados Unidos da América.
134 FULLOON, M. Non-State Actor: Definição de empresas militares privadas. **Strategic Review for Southern Africa**, v. 37, n. 2, p. 29, 2015.

fornecer segurança militar. No mesmo ano, a *Blackwater* ganhou outro contrato para fazer a segurança da Autoridade Provisória da Coalizão (CPA) ao custo de US$ 27 milhões, fornecendo à CPA uma equipe de 36 especialistas em proteção, duas equipes de k-9 e três Boeing MD-530 conhecidos como "little birds". Até o final de 2004, a PMC havia ganho mais de US$ 1 bilhão em contratos federais no Iraque[135].

Durante os anos em que operou no Iraque, a *Blackwater* se envolveu em uma série de incidentes, como quando a equipe da empresa foi emboscada em um ataque coordenado em Fallujah, em 2004, por insurgentes sunitas durante o transporte de equipamentos de serviço de alimentação. O comboio foi bombardeado com granadas e respondeu com fogo de armas pequenas, provocando um tiroteio. Em agosto de 2004, a *Blackwater* também se envolveu em um combate em Najaf, onde os agentes da empresa, as forças de paz e os fuzileiros navais dos EUA travaram uma batalha de quatro horas contra o levante xiita para proteger uma instalação do exército dos EUA. Durante essa batalha, os empreiteiros fizeram várias tentativas de contatar as Forças Armadas dos EUA para intervir. No entanto, os "passarinhos" da *Blackwater* voavam para pegar os feridos e entregar mais munição. Em 2015, um helicóptero da empresa também lançou gás CS, uma substância de controle de distúrbios (semelhante ao gás lacrimogêneo) sobre civis reunidos. No solo, o veículo blindado da *Blackwater* também liberou gás, cegando temporariamente os motoristas. Esses episódios levantaram preocupações sobre o uso desse gás contra civis, que deveria ser uma prerrogativa exclusiva do exército dos EUA, embora até mesmo a corporação se abstenha de usá-lo, uma vez que esse método é proibido como meio de guerra por uma convenção internacional sobre armas químicas. A empresa alegou que o gás foi liberado por engano[136].

Fulloon explica que, com o envolvimento do pessoal da *Blackwater* em combate, as ações da empresa aumentaram sua credibilidade e a percepção de que a *Blackwater* poderia cumprir

---

135 FULLOON, M. Non-State Actor: Definição de empresas militares privadas. **Strategic Review for Southern Africa**, v. 37, n. 2, p. 29, 2015.

136 WELCH, M. Fragmented Power and State-Corporate Killings: A Critique of Blackwater In Iraq. = Poder Fragmentado e Assassinatos de Empresas Estatais. **Crime, Law and Social Change**, v. 51, p. 3-4, p. 358, 2008.

seus contratos de segurança independentemente dos perigos físicos. No entanto, o incidente mais controverso, que causou um clamor internacional, foi em 2007, quando o pessoal da *Blackwater* matou a tiros 14 civis iraquianos desarmados, alegando que essas pessoas haviam disparado contra seu comboio quando estavam em uma zona hostil da Praça Nisoor, em Bagdá[137]. O episódio, também conhecido como "o domingo sangrento de Bagdá"[138], deixou outros 14 iraquianos gravemente feridos. Várias testemunhas oculares curdas e fragmentos de provas forenses rejeitaram a alegação da equipe da *Blackwater* de que armas foram apontadas para eles[139]. As 14 vítimas mortas pelos guardas da Blackwater foram Ahmad Haitham Ahmad al-Rubaie, Mahassin Mohssen Kadhum Al-Khazali, Osama Fadhil Abbas, Ali Mohammed Hafedh Abdul Razzaq, Mohamed Abbas Mahmoud, Qasim Mohamed Abbas Mahmoud, Sa'adi Ali Abbas Alkarkh, Mushtaq Karim Abd Al-Razzaq, Ghaniyah Hassan Ali, Ibrahim Abid Ayash, Hamoud Sa'eed Abttan, Uday Ismail Ibrahiem, Mahdi Sahib Nasir e Ali Khalil Abdul Hussein.[140]

O ex-primeiro-ministro iraquiano Nouri al-Maliki condenou as mortes na Praça Nisoor e disse que o "incidente foi nada menos que um desafio direto à independência de sua nação. O governo iraquiano é responsável por seus cidadãos e não se pode aceitar que uma empresa de segurança realize uma matança"[141]. Essa declaração pode ser confrontada com o escopo da literatura analisada nesta pesquisa, especialmente por meio das lentes da emancipação e da segurança humana.

Devido aos laços estreitos com o governo dos EUA, os funcionários da *Blackwater* envolvidos no caso não foram

---

137 FULLOON, M. Non-State Actor: Definição de empresas militares privadas. **Strategic Review for Southern Africa**, v. 37, n. 2, p. 29, 2015.
138 SCAHILL, J. Blackwater Founder Remains Free and Rich While His Former Employees Go Down On Murder Charges = O fundador da Blackwater continua livre e rico enquanto seus ex-funcionários são acusados de assassinato. **The Intercept**, 2014.
139 GOGA, R. Privatization of Security in the 20th Century = Privatização da Segurança no Século XX. From Mercenaries to Private Military Corporations = De Mercenários a Corporações Militares Privadas. **Studia Universitatis Babeş-Bolyai Studia Europaea**, v. 63, n. 1, p. 261, 2018.
140 Chulov; Safi, 2020
141 PRINCE, E. **Civilian Warriors:** The Inside Story of Blackwater and the Unsung Heroes of the War on Terror = Guerreiros civis: a história interna da Blackwater e os heróis desconhecidos da guerra contra o terror. Nova York: Penguin, 2014.

imediatamente processados. Mais tarde, após protestos públicos, o Congresso dos EUA pressionou o Pentágono a responsabilizar os funcionários da *Blackwater*. Os réus foram julgados nos Estados Unidos em um raro momento de responsabilização de um setor bélico privado fora da lei[142]. O atirador que provocou o tiroteio foi condenado à prisão perpétua por assassinato. Os outros membros da empresa foram condenados e presos por 30 anos por homicídio voluntário e uso de metralhadoras para produzir crimes violentos[143]. Apesar das condenações, Scahill diz que isso não muda o fato de que os detentores do poder – os CEOs, os altos funcionários, os aproveitadores de guerra – andarão livremente e provavelmente farão isso por toda a vida[144].

Welch afirma que processar os funcionários das PMCs pode ser difícil do ponto de vista jurídico, pois eles não são responsáveis de acordo com o Código Uniformizado de Justiça Militar e nem mesmo são definidos por leis internacionais. Além disso, ele argumenta, há também uma falta de vontade política para isso[145].

De fato, essa afirmação acabou sendo verdadeira. Em 22 de dezembro de 2020, o então presidente dos EUA Donald Trump emitiu uma série de perdões presidenciais, uma prerrogativa dos presidentes dos Estados Unidos historicamente reservada para crimes não violentos. Entre os perdoados, havia quatro homens americanos condenados por vários atos criminosos no assassinato de civis iraquianos em 2007.

Em 2015, Nicholas Slatten foi condenado por assassinato em primeiro grau pelos tribunais dos EUA. Os outros três americanos, Paul Slough, Evan Liberty e Dustin Heard, foram todos condenados por homicídio voluntário e tentativa de homicídio culposo pelo incidente em que a equipe abriu fogo em uma

---

142   SCAHILL, J. Blackwater Founder Remains Free and Rich While His Former Employees Go Down on Murder Charges. **O Intercepto**, 2014.
143   GOGA, R. Privatization of Security in the 20th Century = Privatização da Segurança no Século XX. From Mercenaries to Private Military Corporations = De Mercenários a Corporações Militares Privadas. **Studia Universitatis Babeş-Bolyai Studia Europaea**, v. 63, n. 1, p. 262, 2018.
144   SCAHILL, J. Blackwater Founder Remains Free and Rich While His Former Employees Go Down on Murder Charges. **O Intercepto**, 2014.
145   WELCH, M. Fragmented Power and State-Corporate Killings: A Critique of Blackwater In Iraq. = Poder Fragmentado e Assassinatos de Empresas Estatais. **Crime, Law and Social Change**, v. 51, p. 3-4, p. 359, 2008.

praça movimentada de Bagdá, resultando na morte de 14 civis iraquianos desarmados[146]. Após ser libertado da prisão, Evan Liberty expressou pouco remorso por suas ações anteriores em sua primeira entrevista. "Sinto que agi corretamente", disse ele com relação ao assassinato de civis em 2007. "Lamento qualquer perda de vida inocente, mas estou confiante em como agi e basicamente posso me sentir em paz com isso."[147]

É interessante notar que os quatro empreiteiros trabalharam e foram condenados por operar para a PMC *Blackwater*, uma empresa de propriedade do irmão da secretária de educação de Trump, Betsy DeVos. Seu irmão, Erik Prince, ex-*SEAL* da Marinha dos EUA, é o fundador da *Blackwater*. Seu pai é Edgar Prince, fundador da *Prince Corporation*. A família foi classificada, pela revista *Forbes*, como a 88ª mais rica dos EUA, com um patrimônio líquido estimado em US$ 5,4 bilhões[148].

O Grupo de Trabalho da ONU sobre o uso de mercenários, presidido pela Sra. Jelena Aparac (Presidente-Relatora), emitiu uma declaração sobre os perdões de Donald Trump, classificando-os como uma "afronta à justiça". Para o Grupo de Trabalho sobre o uso de mercenários, a concessão de perdões a quatro funcionários condenados de uma PMC envolvida em crimes de guerra no Iraque violou as obrigações dos EUA de acordo com o direito internacional. O órgão também convocou todos os Estados signatários das Convenções de Genebra para condenar os perdões[149]. Além disso, o Grupo de Trabalho da ONU declara fatos profundamente preocupantes que se deparam com a natureza central da investigação deste livro e a teoria apresentada pelo autor como um cenário profundamente preocupante em que as PMCs operam de forma obscura com impunidade, falta de responsabilidade e violação das leis humanitárias e internacionais. Portanto, sua declaração precisa ser reproduzida na íntegra com o objetivo de expor preocupações compartilhadas:

> "Perdoar os contratados da *Blackwater* é uma afronta à justiça e às vítimas do massacre da Praça Nisour e suas famílias",

---

146 O perdão de Trump aos empreiteiros da Blackwater no Iraque viola o direito internacional – ONU, 2020
147 Tucker, 2021.
148 Richard DeVos e família, 2018.
149 OHCHR | Indultos dos EUA para guardas da Blackwater uma "afronta à justiça" – especialistas da ONU, 2020

disse Jelena Aparac, presidente-relatora do Grupo de Trabalho sobre o uso de mercenários.
"As Convenções de Genebra obrigam os Estados a responsabilizar os criminosos de guerra por seus crimes, mesmo quando atuam como contratados de segurança privada. Esses perdões violam as obrigações dos EUA de acordo com o direito internacional e, de forma mais ampla, prejudicam o direito humanitário e os direitos humanos em nível global.
"Garantir a responsabilização por tais crimes é fundamental para a humanidade e para a comunidade das nações", disse ela. "Indultos, anistias ou quaisquer outras formas de exculpação por crimes de guerra abrem portas para futuros abusos quando os Estados contratam empresas militares e de segurança privadas para funções inerentes ao Estado."
O Grupo de Trabalho está extremamente preocupado com o fato de que, ao permitir que empreiteiros de segurança privada operem com impunidade em conflitos armados, os Estados serão incentivados a contornar suas obrigações sob o direito humanitário, terceirizando cada vez mais operações militares essenciais para o setor privado (OHCHR, 2020)[150].

De acordo com a Casa Branca, durante o governo Trump, o anúncio dos perdões foi "amplamente apoiado pelo público" e apoiado por vários legisladores republicanos.[151] Por outro lado, os iraquianos se sentiram indignados com a decisão de Trump. Em uma entrevista, Adil al-Khazali, cujo pai, Ali, foi morto no ataque, disse que ficou chocado com a notícia. "A justiça não existe. Perdi meu pai e muitas mulheres e crianças inocentes também morreram", disse ele[152].

No entanto, para um ex-colega de classe de Ahmad Haitham Ahmad al-Rubaie, morto a tiros no episódio pela equipe da *Blackwater*, a desigualdade fazia parte da mentalidade dos EUA no Iraque. "Os americanos nunca se aproximaram de nós, iraquianos, como iguais.No que lhes diz respeito, nosso sangue é mais barato do que a água, e nossas exigências de justiça e responsabilidade são apenas um incômodo", disse ela[153].

---

150 OHCHR | Indultos dos EUA para guardas da Blackwater uma "afronta à justiça" – especialistas da ONU, 2020.
151 O perdão de Trump aos empreiteiros da Blackwater no Iraque viola o direito internacional – ONU, 2020.
152 Chulov; Safi, 2020.
153 Chulov; Safi, 2020.

Essa declaração coincide com as opiniões do Dr. Haidar al-Barzanji, um pesquisador iraquiano. Ele disse: "Trump não tem o direito de decidir, em nome das famílias das vítimas, perdoar esses criminosos. Isso está em desacordo com os direitos humanos e é contra a lei. Na lei iraquiana, eles só podem ser perdoados se as famílias das vítimas os perdoarem"[154]. Os relatos do ex-colega de classe de Ahmad e a análise apresentada pelo Dr. Haidar revelam a necessidade de responsabilização, justiça, igualdade e estado de direito. Essas são as principais condições para que a paz se concretize, como este livro explorará na segunda metade. Os conflitos e as queixas não resolvidos geram um obstáculo para a obtenção da paz, especialmente no caso do Iraque, um país invadido por forças estrangeiras.

As pessoas no Iraque têm o direito de temer a *Blackwater* e sua operação anterior no país ou qualquer tipo de PMC. "Costumávamos ter pavor deles, especialmente da *Blackwater*, que era a mais desagradável de todas", disse Ribal Mansour, que ouviu o caos na Nisour Square e correu para o local[155]. De fato, no Iraque, o pessoal da *Blackwater* disparou suas armas, matou e feriu com muito mais frequência do que sua contraparte na guerra, a *DynCorp*.

Entre 1º de janeiro de 2005 e 31 de dezembro de 2007, a *Blackwater* disparou suas armas em, pelo menos, 323 incidentes, causando 62 mortes e 85 vítimas gravemente feridas, enquanto sua contraparte *DynCorp* disparou suas armas em 54 eventos, matando 11 pessoas e deixando uma gravemente ferida[156]. Isso se deve ao fato de a *Blackwater* manter uma cultura militar relativamente belicosa, enfatizando fortemente as normas para incentivar sua equipe de segurança a exercer iniciativa pessoal e uso proativo da força, motivando seu pessoal a usar a violência livremente contra qualquer pessoa suspeita de representar uma ameaça[157].

Fitzsimmons afirma que a implantação de uma empresa, como a *Blackwater*, com uma forte cultura militar, é perigosamente arriscada porque seu pessoal tem maior probabilidade de causar mais mortes e ferimentos graves[158].

---

154 Chulov; Safi, 2020.
155 Chulov; Safi, 2020.
156 FITZSIMMONS, S. Wheeled Warriors: Explaining Variations in The Use of Violence by Private Security Companies in Iraq. **Estudos de Segurança**, v. 22, n. 4, p. 708, 2013.
157 FITZSIMMONS, S. Wheeled Warriors: Explaining Variations in The Use of Violence by Private Security Companies in Iraq. **Estudos de Segurança**, v. 22, n. 4, p. 707, 2013.
158 FITZSIMMONS, S. Wheeled Warriors: Explaining Variations in The Use of Violence by Private Security Companies in Iraq. **Estudos de Segurança**, v. 22, n. 4, p. 738, 2013.

Apesar dessa carnificina e da credibilidade arranhada, os contratos entre a *Blackwater* e a CIA não chegaram ao fim[159]. Além disso, houve acusações contra o CEO da *Blackwater*, Erick Prince, considerado um supremacista cristão de direita e secreto, e também por suas implicações em fraudes cometidas contra o governo federal por faturamento falso[160]. Apesar das adversidades, a *Blackwater* tornou-se o mais poderoso exército de mercenários.

Após o incidente no Iraque, um relatório do Gabinete do Inspetor Geral Especial para a Reconstrução do Iraque (SIGIR) afirmou que o Departamento de Estado dos EUA e o Departamento de Defesa assinaram um memorando concordando com o desenvolvimento conjunto, a implementação, os padrões centrais, as políticas, os procedimentos, a responsabilidade, a supervisão e a disciplina para as PMCs no Iraque[161]. Além disso, em 2009, uma auditoria conjunta do contrato e da tarefa da *Blackwater* para a *Worldwide Personal Protective Services* no Iraque encontrou algumas irregularidades. O Departamento de Estado dos EUA – *Bureau of Diplomatic Security* (DS) recomendou uma supervisão mais rigorosa dos custos e do desempenho da *Blackwater* no Iraque. O relatório constatou políticas de não conformidade, como faturas mensais pagas sem revisão adequada e documentação comprobatória; propriedade da *Blackwater* erroneamente identificada como ativos do governo e excesso de custos de viagem[162].

O caso *Blackwater* também pode ser analisado pela perspectiva econômica. A companhia possuía duas empresas de serviços de aviação que operavam mais de 50 aviões e helicópteros e um navio de cerca de 56 metros de comprimento para treinamento naval. A *Blackwater* também administrava uma fábrica que produzia máquinas blindadas especiais e oferecia um serviço de

---

159 GOGA, R. Privatization of Security in the 20th Century = Privatização da Segurança no Século XX. From Mercenaries to Private Military Corporations = De Mercenários a Corporações Militares Privadas. **Studia Universitatis Babeș-Bolyai Studia Europaea**, v. 63, n. 1, p. 262, 2018.

160 PERVEZ, F. Blackwater: Can't Stop, Won't Stop. **Política Externa em Foco**, 2010.

161 WARREN, David; BIANCO; Michael A. **Opportunities to Improve Processes for Reporting, Investigating, and Remediating Serious Incidents Involving Private Security Contractors in Iraq** = Oportunidades para melhorar os processos de notificação, investigação e remediação de incidentes graves envolvendo contratados de segurança privada no Iraque. 2009.

162 Auditoria Conjunta do Contrato e Ordens de Tarefa da Blackwater para Serviços de Proteção Pessoal Mundial no Iraque, 2009.

inteligência chamado *Total Intelligence Solutions*, sob a liderança de um ex-funcionário da CIA[163].

Mesmo após a repercussão mundial de seu desempenho no Iraque, a empresa (rebatizada anteriormente como Xe) ganhou um contrato de US$ 100 milhões para proteger as bases americanas no Afeganistão, uma conquista notável para uma empresa mundialmente conhecida por sua imagem negativa. Para o contrato em si, a *Blackwater* fez um lance total de US$ 26 milhões mais baixo do que o do concorrente seguinte, um valor significativo, já que o contrato era de US$ 100 milhões[164]. O lance baixo foi possível devido a seus laços estreitos com o governo de George W. Bush. A *Blackwater* foi tremendamente beneficiada com contratos no Iraque, criando uma vantagem comparativa sobre seus rivais.

O crescimento da *Blackwater*, mesmo após o escândalo do Iraque, pode ser justificado pela grande estratégia dos EUA de manter a presença em mais lugares do que antes, além de manter bases e tropas em mais de 100 países. Empresas como a *Blackwater* operam fora do alcance das leis militares, o que lhes permite uma discrição mais considerável na aplicação de força desproporcional para pacificar áreas e, em última análise, ajudar as ambições militares dos EUA de manter as tropas no local, reduzindo os custos públicos e os riscos políticos[165], conforme examinado anteriormente na literatura.

A *Blackwater* também representa as preocupações em termos da dificuldade de impedir que as PMCs cometam atrocidades, uma vez que elas podem mudar de marca, fundir-se ou ramificar-se para evitar o rastreamento. Desde a publicidade negativa, a *Blackwater* mudou seu nome para Xe Services e, atualmente e desde 2011, opera sob o nome de ACADEMI com um novo conselho de administração[166]. Em seu site, não há menção às marcas anteriores apenas uma rápida citação da *Blackwater*. A empresa se apresenta como oferecendo "serviços de suporte gerenciado que permitem que nossos clientes operem com sucesso em locais

---

163 GOGA, R. Privatization of Security in the 20th Century = Privatização da Segurança no Século XX. From Mercenaries to Private Military Corporations = De Mercenários a Corporações Militares Privadas. **Studia Universitatis Babeș-Bolyai Studia Europaea**, v. 63, n. 1, p. 260, 2018.
164 PERVEZ, F. Blackwater: Can't Stop, Won't Stop. **Política Externa em Foco**, 2010.
165 PERVEZ, F. Blackwater: Can't Stop, Won't Stop. **Política Externa em Foco**, 2010.
166 Right Web – Instituto de Estudos Políticos (2019).

remotos". A ACADEMI ainda é uma empresa enorme que opera com quatro escritórios regionais em Dubai, Lagos, Londres e Washington D.C., oferecendo quatro instalações de treinamento nos EUA, treinamento baseado no cliente, treinamento baseado em cenários, logística da cadeia de suprimentos, construção, suporte à vida e outros serviços. A ACADEMI também afirma que está comprometida com seu Código de Ética e Conduta Comercial e é membro permanente da Associação do Código Internacional de Conduta para Prestadores de Serviços de Segurança Privada[167].

Em resposta à pergunta feita por este livro, um relatório da ONG *War on Want* que analisa o crescimento das PMCs afirma que essas empresas são capazes de atuar em diferentes áreas, aumentando os abusos contra os direitos humanos, florescendo o comércio de armas e causando desestabilização política, uma vez que estão operando em um vácuo legal[168].

Além disso, Fulloon afirma que as PMCs têm a capacidade de alterar significativamente o cenário militar estratégico de um conflito, seja em um papel combativo ou não combativo, como faria uma força de defesa nacional. Citando sérvios, croatas, serra-leoneses e angolanos[169], o autor também enfatiza que todos eles aprenderam como o envolvimento das PMCs em combate ou não combate poderia mudar o equilíbrio do conflito com as condições certas. Abordando também as lições aprendidas no Iraque, Singer[170] explica que a entrada da motivação do lucro no campo de batalha abre vastas e novas possibilidades e levanta várias questões preocupantes para a democracia, a ética, a administração, as leis, os direitos humanos e a segurança nacional e internacional.

De acordo com ele, é hora de começar a responder a essas perguntas preocupantes.

---

167 Academi.com (2019).
168 Waronwant.org. Mercenaries Unleashed – The Brave New World of Private Military and Security Companies 2016.
169 FULLOON, M. Non-State Actor: Definição de empresas militares privadas. **Strategic Review for Southern Africa**, v. 37, n. 2, p. 29, 2015.
170 SINGER, P. **Corporate Warriors – The Rise of The Privatized Military Industry** = Guerreiros Corporativos – A Ascensão da Indústria Militar Privatizada. Ithaca, N.Y.: Cornell University Press, 2008. p. 260.

4. CONCEITUAÇÃO DE GUERRA E PAZ

Talvez a palavra "paz" seja uma das definições mais difíceis de se obter, não apenas em termos linguísticos, mas também em estudos políticos, área crucial de conhecimento na qual este livro está se concentrando. Qualquer tentativa de definir o termo pode ser simplificada demais. Entretanto, como primeiro grau de análise, tomaremos emprestadas algumas ideias apresentadas por Goodhand[171] como a paz geralmente conceituada como a antítese da "guerra". Para Ogley[172], esse conceito estrito de paz, "transformar espadas em arados", é mais frutífero intelectualmente do que aquele que se baseia em seu significado para torná-lo sinônimo de utopia.

No entanto, o conceito de paz mudou no decorrer da história para uma visão mais ampla do que pode ser entendido como paz além do significado estabelecido conhecido como "paz negativa"[173]. Galtung[174] reconhece que a afirmação "paz é a ausência de violência" é válida. Entretanto, ele acrescenta ideias esclarecedoras para nos ajudar a pensar na paz de forma diferente. Ele expande o conceito de paz ao analisar a "violência estrutural", caracterizada pela desigualdade estrutural e pela distribuição desigual de poder. Esse cenário deve ser enfrentado e combatido com um escopo alternativo para alcançar um termo classificado por ele como "paz positiva", definida como justiça social e distribuição igualitária de poder e recursos[175].

Portanto, de acordo com a análise de Galtung, há uma correlação intrínseca entre o desenvolvimento social e econômico como condição para se alcançar a paz, o que leva o autor a afirmar

---

171 GOODHAND, J. From wars to complex political emergencies: Understanding conflict and peacebuilding in the new world disorder = De guerras a emergências políticas complexas **Third World Quarterly**, v. 20, n. 1, p. 14, 1999.
172 OGLEY, R. C.; `Peace`. *In*: OUTHWAITE & Bottomore, The Blackwell Dictionary of Modern Social, 2006. p. 464.
173 GOODHAND, J. From wars to complex political emergencies: Understanding conflict and peacebuilding in the new world disorder = De guerras a emergências políticas complexas **Third World Quarterly**, v. 20, n. 1, p. 14, 1999.
174 GALTUNG, J. Violence, Peace, and Peace Research. **Journal of Peace Research**, v. 6, n. 3, p. 167, 1969.
175 GALTUNG, J. Violence, Peace, and Peace Research. **Journal of Peace Research**, v. 6, n. 3, p. 183, 1969.

que a resposta simplista da ausência de violência na definição do termo "paz" não é suficiente para alcançá-la. Este livro destaca a desigualdade social como um aspecto essencial dessa análise, tentando entender como a paz pode se concretizar. A violência enraizada na estrutura, como Galtung[176] discutiu, abordando o poder desigual que, em última análise, resulta em chances de vida desiguais, é agravada ainda mais nos casos em que as pessoas de baixa renda também não têm acesso à educação, à saúde e ao poder. Consequentemente, a paz também pode ser considerada aqui como a presença de justiça para todos, evitando a dicotomia simplista entre paz e conflito, conforme argumentado por Goodhand[177]. De acordo com Galtung[178], a paz concebida como "paz positiva" não é apenas uma forma de controlar o uso excessivo da violência, mas também é uma referência ao "desenvolvimento vertical", o que significa que a teoria da paz está intrinsecamente ligada não apenas à teoria do conflito, mas também à teoria do desenvolvimento.

Portanto, a paz positiva, interpretada como justiça para todos, é a primeira resposta que este autor dá à pergunta "como a paz pode ser alcançada?". Entretanto, antes de prosseguir nessa busca para obter mais respostas, este livro abordará outro termo de difícil definição, que é "guerra".

Há uma grande variedade de interpretações da palavra "guerra". Se olharmos para Ogley[179], por exemplo, abordando a definição de guerra, ele a classifica como o choque violento de unidades sociais organizadas. Thomas Hobbes representa outra forma de pensar e conceituar a guerra ao expressar a criação de uma autoridade legal para salvar a humanidade de seu estado natural, que é uma competição violenta compreendida como guerra[180].

---

176 GALTUNG, J. Violence, Peace, and Peace Research. **Journal of Peace Research**, v. 6, n. 3, p. 171, 1969.
177 GOODHAND, J. From wars to complex political emergencies: Understanding conflict and peacebuilding in the new world disorder = De guerras a emergências políticas complexas **Third World Quarterly**, v. 20, n. 1, p. 14, 1999.
178 GALTUNG, J. Violence, Peace, and Peace Research. **Journal of Peace Research**, v. 6, n. 3, p. 183, 1969.
179 OGLEY, R. C.; `Peace`. In: OUTHWAITE & Bottomore, The Blackwell Dictionary of Modern Social, 2006. p. 728.
180 MANSFIELD, N. **Theorising war**: from Hobbes to Badiou = Teorizando a guerra: de Hobbes a Badiou. Basingstoke: Palgrave Macmillan, 2008. p. 9.

No entanto, esse trabalho se baseia em Clausewitz[181] quando ele diz que a guerra nada mais é do que um duelo em uma escala extensa, o que se aproxima das análises aqui desenvolvidas para o campo da guerra como uma continuação, ou mesmo implementação, de propósitos e valores sociais[182]. O general também acrescenta à conceituação ao dizer que "a guerra, portanto, é um ato de violência destinado a compelir nosso oponente a cumprir nossa vontade". Em suas teorias militares, podemos encontrar outro conceito fundamental para nos ajudar a definir essa palavra. Um desses exemplos é útil quando Clausewitz[183] compartilha seu pensamento universalmente citado sobre a guerra como "uma mera continuação da política por outros meios", um termo amplamente difundido na tradição ocidental[184].

Sob a perspectiva de Clausewitz, é possível sugerir que a guerra não é o espaço em que a política e a diplomacia se romperam, abrindo as portas para as forças bárbaras dos combates. A guerra também não é o espaço onde a política atingiu seus limites e progrediu para outro estágio de ação, mas a guerra é simplesmente uma ferramenta de política como um meio de garantir vantagem quando os meios civis não conseguem garantir a vontade de alguém[185]. Conforme argumentado por Mansfield[186], esse conceito pode ser criticado e até mesmo interpretado como cínico. Entretanto, a formulação forneceu a base para a inclusão moderna da guerra na lógica da vida social. Portanto, a guerra se torna uma expressão de uma ordem política específica[187].

Clausewitz[188] explicou que a guerra faz parte da vida social e é um conflito de interesses significativos que se diferencia dos outros apenas pelo derramamento de sangue que causa. Como

---

181 CLAUSEWITZ, C. **On war** = Sobre a guerra. Londres: K. Paul, Trench, Trubner, 1918.
182 MANSFIELD, N. **Theorising war**: from Hobbes to Badiou = Teorizando a guerra de Hobbes a Badiou. Basingstoke: Palgrave Macmillan, 2008. p. 9.
183 CLAUSEWITZ, C. **On war** = Sobre a guerra. Londres: K. Paul, Trench, Trubner, 1918.
184 MANSFIELD, N. **Theorising war**: from Hobbes to Badiou = Teorizando a guerra de Hobbes a Badiou. Basingstoke: Palgrave Macmillan, 2008.
185 MANSFIELD, N. **Theorising war**: from Hobbes to Badiou = Teorizando a guerra: de Hobbes a Badiou. Basingstoke: Palgrave Macmillan, 2008. p. 28.
186 MANSFIELD, N. **Theorising war**: from Hobbes to Badiou = Teorizando a guerra: de Hobbes a Badiou. Basingstoke: Palgrave Macmillan, 2008. p. 29.
187 MANSFIELD, N. **Theorising war**: from Hobbes to Badiou = Teorizando a guerra: de Hobbes a Badiou. Basingstoke: Palgrave Macmillan, 2008. p. 29.
188 CLAUSEWITZ, C. **On war** = Sobre a guerra. Londres: K. Paul, Trench, Trubner, 1918.

sugestão, Clausewitz oferece uma comparação entre a guerra e a competição comercial, que é, segundo ele, um conflito de interesses e atividades humanas. Assim, a vida social poderia ser entendida como um local de conflito. Portanto, a guerra faz parte da vida cotidiana, de fato violenta e em grande escala, mas mundana, conhecível e imediatamente reconhecível. É o resultado, o futuro da sociedade[189].

Apesar dos relatos de Clausewitz sobre a guerra, sem dúvida indispensáveis para a caracterização do pensamento clássico do termo, há um amplo entendimento na academia de como o termo guerra vem mudando na era moderna devido à complexidade dela. Conforme argumentado por Haug, Maaø e Strachan[190], supostamente vivemos em uma era pós-vestefaliana e 1990 representa uma ruptura em que a própria noção de guerra mudou. Goodhand[191] também vê em 1990 um novo ressurgimento de um conflito étnico-nacionalista interno que chamou a atenção da comunidade internacional e aumentou sua assistência humanitária. Essa mudança lança luz sobre uma gama diversificada de preocupações internacionais, como o aumento das causalidades em civis, o deslocamento forçado que gera movimentos de migração em massa, já que 65,6 milhões de pessoas foram relatadas como deslocadas à força em todo o mundo em 2017 pelo Alto Comissariado das Nações Unidas para Refugiados (ACNUR).

As mudanças no *ethos* do conflito devem ser abordadas pela perspectiva social, cultural, econômica e de desenvolvimento à primeira vista, a fim de abrir caminho para que a paz, de fato, possa surgir ou construir novos caminhos para a paz, como Galtung propôs na "paz positiva", um conceito abordado anteriormente neste livro. Portanto, a discussão não se baseia mais apenas na guerra entre Estados em conflitos de grande escala. No entanto, ela mudou para as emergências políticas complexas, como examinaremos de perto na próxima seção.

---

189 MANSFIELD, N. **Theorising war**: from Hobbes to Badiou = Teorizando a guerra: de Hobbes a Badiou. Basingstoke: Palgrave Macmillan, 2008. p. 29.

190 HAUG, K.; MAAØ, O.; STRACHAN, H. **Conceptualising Modern War** = Conceituando a guerra moderna]. 2. ed. Londres: C. Hurst & Co, 2012. p. 2.

191 GOODHAND, J. From wars to complex political emergencies: Understanding conflict and peacebuilding in the new world disorder = De guerras a emergências políticas complexas. **Third World Quarterly**, v. 20, n. 1, p. 13, 1999.

5. EMERGÊNCIAS POLÍTICAS COMPLEXAS, NOVAS GUERRAS, ATORES ESTATAIS E NÃO ESTATAIS

Para abordar a questão de como a paz pode se concretizar, é necessária uma nova lente para examinar as raízes dos problemas globais por meio de uma abordagem diferente. Conforme argumentado por Goodhand[192], as análises focadas apenas na relação tradicional entre Estados, capacidades militares e estratégias foram substituídas por análises culturais e sociais que reconhecem as complexidades e a viabilidade de prever resultados.

Nesse contexto, a natureza do conflito também mudou. Além disso, a guerra – como explicado anteriormente pela definição de Clausewitz – pode ser entendida atualmente como uma nova guerra. De acordo com Kaldor[193], a nova é caracterizada pela política de identidade em contraste com os objetivos geopolíticos ou ideológicos das guerras anteriores. Ela também traça uma linha no conceito descrito por ela como novo nacionalismo relacionado a um senso de desintegração, em contraste com o nacionalismo anterior que visa à construção do Estado[194], conforme elaborado no início deste livro. Outra distinção importante a ser feita é a mudança de guerra nas novas guerras. Kaldor aponta as diferenças de estratégias nas novas guerras, tomando emprestadas técnicas de desestabilização de guerrilha e contrainsurgência, semeando o medo e o ódio para eliminar pessoas de identidades diferentes[195]. A autora define que os resultados são assassinatos em massa, deslocamentos forçados, combinados com meios

---

192   GOODHAND, J. From wars to complex political emergencies: Understanding conflict and peacebuilding in the new world disorder = De guerras a emergências políticas complexas. **Third World Quarterly**, v. 20, n. 1, p. 14, 1999.
193   KALDOR, M. **New & Old Wars – Organised Violence in a Global Era** = Novas e Velhas Guerras – Violência Organizada em uma Era Global]. Cambridge: Polity Press, 2001. p. 6.
194   KALDOR, M. **New & Old Wars – Organised Violence in a Global Era** = Novas e Velhas Guerras – Violência Organizada em uma Era Global]. Cambridge: Polity Press, 2001. p. 39.
195   KALDOR, M. **New & Old Wars – Organised Violence in a Global Era** = Novas e Velhas Guerras – Violência Organizada em uma Era Global]. Cambridge: Polity Press, 2001. p. 8.

políticos, psicológicos e econômicos de intimidação, resultando em um número crescente de refugiados e populações deslocadas.

Além disso, Kaldor[196] contribui para o esclarecimento de nosso entendimento sobre a lucratividade da guerra e – quão complexas podem ser as novas guerras – ao abordar a economia de guerra globalizada. Ela sugere que essas guerras são financiadas por meio de atividades criminosas ou ilegais que geram mais guerras. Kaldor[197], por exemplo, expõe uma correlação entre grupos paramilitares e criminosos. Os primeiros têm uma motivação econômica considerável. Em relação ao conflito na Bósnia, os grupos criminosos conseguiram expandir suas atividades ilegais e as organizações paramilitares estavam envolvidas em movimentos do mercado negro e cooperavam entre si. Assim, Kaldor[198] explica que a economia mafiosa criada no conflito gerou uma lógica autossustentável para a guerra, resultando na manutenção de fontes lucrativas de renda e também na proteção dos criminosos contra processos legais em tempos de paz.

De fato, alguns casos de criminalidade se tornam uma norma política em tempos de guerra, como no Afeganistão, onde uma economia de guerra se desenvolveu em torno do comércio de drogas. Portanto, os senhores da guerra têm seu próprio interesse em continuar com o comércio de ópio, apoiando o conflito, já que lucram com ele. Nesse caso, a paz desestruturaria o sistema de produção, pondo fim à fonte que fornece meios de subsistência aos senhores da guerra e seus seguidores[199]. Sendo assim, a paz, concebida apenas como ausência de violência, não é uma solução direta que satisfaça todas as partes envolvidas. Em vez disso, ela pode se transformar em outra fonte de conflito, guerra e violência. Essas emergências políticas complexas trazidas pelas novas guerras tornam difícil distinguir entre zonas de guerra e

---

196   KALDOR, M. **New & Old Wars – Organised Violence in a Global Era** = Novas e Velhas Guerras – Violência Organizada em uma Era Global]. Cambridge: Polity Press, 2001. p. 8.
197   KALDOR, M. **New & Old Wars – Organised Violence in a Global Era** = Novas e Velhas Guerras – Violência Organizada em uma Era Global]. Cambridge: Polity Press, 2001. p. 53.
198   KALDOR, M. **New & Old Wars – Organised Violence in a Global Era** = Novas e Velhas Guerras – Violência Organizada em uma Era Global]. Cambridge: Polity Press, 2001. p. 55.
199   GOODHAND, J. From wars to complex political emergencies: Understanding conflict and peacebuilding in the new world disorder = De guerras a emergências políticas complexas **Third World Quarterly**, v. 20, n. 1, p. 17, 1999.

zonas de paz aparentes[200]. Essas não são linhas claramente marcadas como costumavam ser no passado. Além disso, conforme argumentado por Kaldor[201], é difícil distinguir entre o político e o econômico, o público e o privado, o militar e o civil, e tem se tornado cada vez mais difícil distinguir entre guerra e paz.

Por exemplo, no caso do Afeganistão, de acordo com o Escritório das Nações Unidas sobre Drogas e Crimes (UNODC), 2017 registrou um alto recorde de cultivo de ópio no país, chegando a 328.000 hectares, um aumento de 63% em relação aos anos anteriores. Essa atividade ilegal gerou uma receita de US$ 4,1 a US$ 6,6 bilhões em 2017, representando até 32% do PIB do país e, de longe, superando as exportações lícitas de bens e serviços do Afeganistão, que representam apenas 7% do PIB. Ainda assim, de acordo com a ONU, a produção de ópio cria uma espécie de simbiose intrínseca que ameaça o desenvolvimento dos afegãos. Ao mesmo tempo em que é uma atividade ilegal que alimenta a insegurança, a violência e financia a insurgência do grupo rebelde Talibã, esse cultivo ilícito também proporciona até 354.000 empregos em tempo integral nas áreas rurais, garantindo a subsistência de muitos afegãos envolvidos no cultivo, trabalhando nos campos de papoula ou participando do comércio ilegal de drogas[202].

A conquista da paz no Afeganistão passa por encontrar soluções sustentáveis que abordem até que ponto o cultivo do ópio continuará a desempenhar um papel substancial na economia do país em um contexto pós-conflito, como este livro abordará na próxima unidade. O resultado desse delicado processo de paz pode se transformar em um precedente para o benefício

---

200 KALDOR, M. **New & Old Wars – Organised Violence in a Global Era** = Novas e Velhas Guerras – Violência Organizada em uma Era Global]. Cambridge: Polity Press, 2001. p. 110.

201 KALDOR, M. **New & Old Wars – Organised Violence in a Global Era** = Novas e Velhas Guerras – Violência Organizada em uma Era Global]. Cambridge: Polity Press, 2001. p. 110.

202 Unodc.org. (2018). A produção recorde de ópio do ano passado no Afeganistão ameaça o desenvolvimento sustentável, revela a última pesquisa. [online]. Disponível em: https:/" www.unodc.org/unodc/en/frontpage/2018/May/last-years-record-opium-production-in--afghanistan-threatens-sustainable-development--latest-survey-reveals.html. Acesso em 29 abr. 2019.

de organizações criminosas, como no caso do autoproclamado Estado Islâmico, que também lucrou enormemente com a guerra.

Blannin[203] argumentou que, no século XXI, as redes terroristas internacionais emergentes haviam borrado as linhas entre o terrorismo e os crimes convencionais. Com relação ao autoproclamando Estado Islâmico (EI), o grupo é relativamente autossuficiente e não depende de Estados externos. Antes de ser supostamente enfraquecido e destruído pelas operações conduzidas pela coalizão liderada pelos EUA, o EI ocupou um vasto território no Iraque e na Síria, lucrando, em 2015, até US$ 1,2 bilhão com atividades criminosas, como extorsão em formas de tributação, sequestro, roubo, cobrança de proteção e, principalmente, contrabando de petróleo, armas, pessoas e antiguidades[204]. Somente com a receita proveniente da venda de petróleo e produtos refinados, o EI lucrou US$ 40 milhões por mês em 2015 na Líbia, no Iraque, no Egito e na Síria. O grupo também expandiu seus negócios de guerra tributando os traficantes de seres humanos que contrabandearam pelo menos 250.000 pessoas que viajavam para a Europa por meio da perigosa travessia do Mar Mediterrâneo em 2016[205]. Em outras palavras, ao mesmo tempo em que impõe a violência e gera medo em seus territórios controlados, o EI também lucra com aqueles que estão fugindo do terrível conflito.

Na aproximação de novas guerras, combater o Estado Islâmico e substituir seus métodos cruéis pela paz é um desafio atual. Devido à característica autossuficiente do EI, conforme argumentado por Blannin[206], as sanções tradicionais não seriam eficazes como foram no passado quando usadas contra outros grupos terroristas, como Al-Qaeda, Al-Shabaab, Boko Haram e

---

203 BLANNIN, P. Islamic State's Financing: Sources, Methods and Utilisation = Financiamento do Estado Islâmico: Fontes, métodos e utilização. **Counter Terrorist Trends and Analyses**, v. 9, n. 5, p. 13, 2017.

204 BLANNIN, P. Islamic State's Financing: Sources, Methods and Utilisation = Financiamento do Estado Islâmico: Fontes, métodos e utilização. **Counter Terrorist Trends and Analyses**, v. 9, n. 5, p. 13, 2017.

205 BLANNIN, P. Islamic State's Financing: Sources, Methods and Utilisation = Financiamento do Estado Islâmico: Fontes, métodos e utilização. **Counter Terrorist Trends and Analyses**, v. 9, n. 5, p. 13, 2017.

206 BLANNIN, P. Islamic State's Financing: Sources, Methods and Utilisation = Financiamento do Estado Islâmico: Fontes, métodos e utilização. **Counter Terrorist Trends and Analyses**, v. 9, n. 5, p. 21, 2017.

Lashkar-e-Taiba. Além disso, precisamos acrescentar o fato de como o Estado Islâmico sabiamente se apropriou da Internet, não apenas criando uma poderosa máquina de propaganda para divulgar sua mensagem globalmente, mas também recrutando novos soldados on-line. Documentos mostraram que, devido a um complexo nível de sistema burocrático e profissionalismo, mesmo perdendo território na Síria, na Líbia e no Iraque, o grupo poderia ser sustentável[207].

Como afirma Blannin[208], apesar dos esforços feitos pela coalizão liderada pelos EUA para enfraquecer o EI de várias formas, os canais de tráfico humano criados pela organização terrorista continuarão sendo uma fonte viável de financiamento de recursos humanos e equipamentos.

Portanto, este livro argumenta que a paz só pode se concretizar se for pensada como um termo mais amplo, como Galtung[209] apresenta o conceito de paz positiva. Embora os bombardeios realizados pela coalizão liderada pelos EUA sejam válidos para reduzir os recursos do EI, é necessário um plano de paz mais amplo. Como o Estado Islâmico não foi completamente derrotado, sem pensar na paz de forma inteligente, o grupo pode ressurgir e seus métodos bárbaros e brutais de governar o chamado Califado, como uma versão subvertida de um Estado, podem restringir os esforços de paz não apenas nas áreas onde o grupo opera, mas em toda a comunidade internacional. Com relação a esse tópico, Goodhand[210] oferece pistas esclarecedoras sobre como fazer com que a paz se concretize no processo de construção da paz.

Goodhand[211] afirma que a paz requer transformação social e deve ser construída ao longo do tempo. Portanto, sob essa

---

207 BLANNIN, P. Islamic State's Financing: Sources, Methods and Utilisation = Financiamento do Estado Islâmico: Fontes, métodos e utilização. **Counter Terrorist Trends and Analyses**, v. 9, n. 5, p. 21, 2017.
208 BLANNIN, P. Islamic State's Financing: Sources, Methods and Utilisation = Financiamento do Estado Islâmico: Fontes, métodos e utilização. **Counter Terrorist Trends and Analyses**, v. 9, n. 5, p. 16, 2017.
209 GALTUNG, J. Violence, Peace, and Peace Research. **Journal of Peace Research**, v. 6, n. 3, 1969.
210 GOODHAND, J. From wars to complex political emergencies: Understanding conflict and peacebuilding in the new world disorder = De guerras a emergências políticas complexas. **Third World Quarterly**, v. 20, n. 1, 1999.
211 GOODHAND, J. From wars to complex political emergencies: Understanding conflict and peacebuilding in the new world disorder = De guerras a emergências políticas complexas. **Third World Quarterly**, v. 20, n. 1, p. 16, 1999.

perspectiva, podemos presumir que a paz surge, como ele escreveu, quando engloba questões econômicas, sociais, culturais, políticas e humanitárias. Essas características se cruzam com as ideias apresentadas por este trabalho antes, como a paz como um conceito mais abrangente. Isso significa também incluir diferentes e novos atores no processo de alcançar a paz, por exemplo, e a perspectiva de gênero das mulheres. Os conflitos podem alterar as relações de gênero. Assim, uma análise de gênero do conflito no processo de construção da paz aumenta a probabilidade de paz[212].

O conceito de confiança mútua, cooperação e capital social também é abordado por Goodhand[213] como instrumentos para a construção da paz no futuro, especialmente entre famílias, parentes e vizinhos, e em um ambiente em que a falta de capital social torna o conflito mais provável. Ao abordar a agência humana, a estrutura social e o conflito, Goodhand[214] oferece outra ferramenta vital para pensar sobre a construção da paz. Como ele expressa, os conflitos exigem uma análise detalhada da relação entre indivíduos e estruturas dentro de emergências políticas complexas[215] a fim de entender e ter algumas pistas sobre como lidar com o conflito gerando a paz. A transformação das estruturas sociais e das relações sociais aumenta as condições para alcançar a paz[216].

Kaldor[217] afirma que o que era considerado efeitos colaterais indesejáveis e ilegítimos da guerra antiga se tornou o "novo

---

212 GOODHAND, J. From wars to complex political emergencies: Understanding conflict and peacebuilding in the new world disorder = De guerras a emergências políticas complexas. **Third World Quarterly**, v. 20, n. 1, p. 21, 1999.
213 GOODHAND, J. From wars to complex political emergencies: Understanding conflict and peacebuilding in the new world disorder = De guerras a emergências políticas complexas. **Third World Quarterly**, v. 20, n. 1, p. 21, 1999.
214 GOODHAND, J. From wars to complex political emergencies: Understanding conflict and peacebuilding in the new world disorder = De guerras a emergências políticas complexas. **Third World Quarterly**, v. 20, n. 1, p. 22, 1999.
215 GOODHAND, J. From wars to complex political emergencies: Understanding conflict and peacebuilding in the new world disorder = De guerras a emergências políticas complexas. **Third World Quarterly**, v. 20, n. 1, p. 23, 1999.
216 GOODHAND, J. From wars to complex political emergencies: Understanding conflict and peacebuilding in the new world disorder = De guerras a emergências políticas complexas. **Third World Quarterly**, v. 20, n. 1, p. 23, 1999.
217 KALDOR, M. **New & Old Wars – Organised Violence in a Global Era** = Novas e Velhas Guerras – Violência Organizada em uma Era Global]. Cambridge: Polity Press, 2001. p. 100.

normal" e o modo central de combater as novas guerras. Ela também diz que as novas guerras são comparadas a uma revisão do primitivismo. Portanto, este livro argumenta que somente novas abordagens de desenvolvimento e análises sociais e culturais podem criar condições para que a paz se concretize. Somente um processo interseccional de construção da paz pode trazer a paz em um mundo de novas guerras e atores desempenhando papéis diferentes e substanciais.

Entender como as guerras mudaram ou encontrar soluções sustentáveis para alcançar a paz englobam os pensamentos expressos por Harari[218] quando ele diz que há algo mais lucrativo do que a guerra, que é a paz. De acordo com ele, a paz genuína não é a ausência de guerra, mas a paz é a implausibilidade da guerra. Ele argumenta que estamos vivendo na era mais pacífica da história em comparação com o passado e quando ocorreram as guerras globais entre Estados. Entretanto, elas estão se tornando cada vez mais improváveis devido a alguns fatores. Um desses fatores é, ironicamente, um fruto das guerras, que são as armas nucleares. Elas aumentam significativamente o custo da guerra, persuadindo o uso da força. Relembrando o passado, Harari[219] também explica que os conflitos se baseavam na conquista ou no roubo de riquezas e, no mundo de hoje, a riqueza consiste em capital humano, conhecimento e estruturas sociais e econômicas complexas.

Portanto, ao abordar as guerras, Harari[220] argumenta que elas ocorrem hoje nas regiões em que a riqueza ainda é o tipo antigo de material, o que facilita o roubo. Ele também compartilha a lógica de que um fator alimenta o outro. Por exemplo, a ameaça de extermínio nuclear reforça o pacifismo, o que torna a guerra mais rara, e laços comerciais mais fortes, em última análise, aumentam os benefícios da paz e os custos da guerra.

---

218   HARARI, Y. Há uma coisa mais lucrativa do que a guerra: A paz. [online]. **haaretz.com**, 2012. Disponível em: https://www.haaretz.com/analysis-the-end-of-war-1.5268517. Acesso em: 30 abr. 2019.

219   HARARI, Y. Há uma coisa mais lucrativa do que a guerra: A paz. [online]. **haaretz.com**, 2012. Disponível em: https://www.haaretz.com/analysis-the-end-of-war-1.5268517. Acesso em: 30 abr. 2019.

220   HARARI, Y. Há uma coisa mais lucrativa do que a guerra: A paz. [online]. **haaretz.com**, 2012. Disponível em: https://www.haaretz.com/analysis-the-end-of-war-1.5268517. Acesso em: 30 abr. 2019.

Segundo ele, quanto mais acostumadas as pessoas estiverem a viver em um mundo sem guerra, mais fácil será evitá-las[221].

As ideias apresentadas por Harari contribuem para o ponto exposto neste capítulo, pois a paz é vista, pensada, planejada e aplicada de forma ampla para que se concretize. Como Richards[222] argumentou, analisando o caso de Serra Leoa na África, se a guerra se espalhou a partir de seu sentido cultural, então a busca pela paz pode seguir caminhos semelhantes. A obtenção da paz em emergências políticas complexas depende das sociedades em que elas ocorrem, conforme explicado por Goodhand[223]. Ele também afirma que os agentes externos interessados em construir a paz devem ter em mente e reconhecer que, na melhor das hipóteses, eles só podem contribuir para a construção de capacidades que aumentem a probabilidade de paz. Um tópico que discutiremos e analisaremos com atenção na próxima seção.

---

221 HARARI, Y. Há uma coisa mais lucrativa do que a guerra: A paz. [online]. **haaretz.com**, 2012. Disponível em: https://www.haaretz.com/analysis-the-end-of-war-1.5268517. Acesso em: 30 abr. 2019.
222 RICHARDS, P. **Fighting for the Rain Forest – War, Youth & Resources in Sierra Leone** = Lutando pela Floresta Tropical – Guerra, Juventude e Recursos em Serra Leoa. 6. ed. Oxford: Internat. African Inst. em associação com James Currey, 2008.
223 GOODHAND, J. From wars to complex political emergencies: Understanding conflict and peacebuilding in the new world disorder = De guerras a emergências políticas complexas. **Third World Quarterly**, v. 24, n. 1, p. 23, 1999.

6. A LUTA PELA PAZ EM UMA SITUAÇÃO POLÍTICA E ECONÔMICA COMPLEXA NO AFEGANISTÃO

Com base na abordagem teórica apresentada anteriormente, este livro relatará brevemente a situação do Afeganistão em termos de negociações de paz. No caso do Afeganistão, as negociações de paz estão em andamento por anos e ainda não foram concluídas. Portanto, há muitos desafios a serem resolvidos antes que a paz se concretize. Mesmo que um acordo ocorra em algum momento da história, as raízes e as causas da instabilidade no país precisarão ser enfrentadas com firmeza nas próximas décadas para que a paz se concretize.

Como abordamos anteriormente, a conquista da paz no mundo atual deve seguir abordagens diferentes daquelas exploradas pelos líderes mundiais anos atrás. Pensar na solução de conflitos vai muito além de analisar apenas a ganância, as queixas, a identidade ou o nacionalismo. Essa tarefa também envolve um grau de análise que engloba as dimensões políticas e econômicas enraizadas no conflito.

Nesse sentido, esse é exatamente o caso do Afeganistão, onde um acordo de paz entre os Estados Unidos e o Talibã foi realizado em negociações de alto nível para tentar pôr fim a uma guerra de mais de duas décadas, a mais longa da história americana. Embora os Estados Unidos tenham realizado mais de 200 ataques com o objetivo de desmantelar a produção e o comércio de narcóticos do Talibã, o negócio das drogas cresceu[224] – conforme explicado por este livro na última unidade – e foi responsável por até US$ 6,6 bilhões, ou 32% do PIB afegão, e por 354.000 empregos em tempo integral[225]. Os

---

224 HENNIGAN, W. http://time.com. [online]. **Time**. 2019. Disponível em: http://time.com/5534783/iron-tempest-afghanistan-opium/. Acesso em: 30 abr. 2019.

225 UNODC.org. A produção recorde de ópio do ano passado no Afeganistão ameaça o desenvolvimento sustentável, revela a última pesquisa. [online]. 2018. Disponível em: https://www.unodc.org/unodc/en/frontpage/2018/May/last-years-record-opium-production--in-afghanistan-threatens-sustainable-development--latest-survey-reveals.html. Acesso em: 29 abr. 2019.

EUA suspenderam discretamente sua operação fracassada, denominada *Iron Tempest,* contra o Talibã.

A estratégia militar fracassada dos EUA tornou-se um resultado de alto custo da guerra mais longa do país contra o rápido crescimento do cultivo de papoula no Afeganistão. Atualmente, se os Estados Unidos estiverem dispostos a alcançar a paz no Afeganistão, o comércio de ópio, mesmo sendo ilegal, deve ser abordado e gerenciado nas negociações de paz. Talvez o fracasso da estratégia militar clássica conduzida pelos Estados Unidos não tenha considerado sabiamente os caminhos para o enfrentamento de novas guerras. Um dos motivos aparece na definição de Duffield e Donini[226] de aplicar um conceito chamado "paz imperial" para resolver as novas guerras. A paz imperial está ligada ao controle territorial direto, em que as populações eram governadas por meios judiciais e autocráticos de autoridade. O uso da paz imperial lidava com a oposição por meio de formas físicas e jurídicas de pacificação.

Talvez, mesmo antes, o modo anterior dos EUA de combater o terrorismo tenha aberto caminho para a produção de ópio, como Goodhand[227] explicou nas intervenções internacionais, o que reforçou as tensões em um país não estabelecido por suas fronteiras, o processo de formação do Estado e seu colapso. O apoio de US$ 7 milhões dos EUA aos senhores da guerra em um esforço para combater o terrorismo – fornecendo apoio financeiro a eles – criou uma fonte de expansão para a economia ilegal.

As economias do ópio e do contrabando proporcionaram autonomia aos senhores da guerra e inverteram a lógica do poder das regiões sobre o centro[228], tornando a afirmação original de nossa análise – "se a guerra é tão lucrativa" – de fato verdadeira. No caso de um acordo de paz sem um plano claro sobre como resolver essa relação intrínseca, ele interromperia os sistemas de

---

226 DUFFIELD, M.; DONINI, A. **Global Governance and the New Wars – The Merging of Development and Security** = Governança Global e as Novas Guerras – A Fusão do Desenvolvimento e da Segurança. Nova York: Zed Book, 2014. p. 34.
227 GOODHAND, J. Frontiers and Wars: The Opium Economy in Afghanistan = Fronteiras e guerras: a economia do ópio no Afeganistão. **Journal of Agrarian Change**, v. 5, n. 2, p. 202, 2005.
228 GOODHAND, J. Frontiers and Wars: The Opium Economy in Afghanistan = Fronteiras e guerras: a economia do ópio no Afeganistão. **Journal of Agrarian Change**, v. 5, n. 2, p. 203, 2005.

produção e comércio que proporcionam meios de subsistência aos senhores da guerra e seus seguidores[229]. Para entender o cultivo do ópio e sua economia, este livro compartilha a visão de Goodhand de ver além e abaixo do Estado, além de uma perspectiva ampla da terra[230].

O combate à produção de ópio não é o único obstáculo a ser alcançado no Afeganistão. Se as mulheres não fizessem parte do Acordo de Paz, ele não poderia ser alcançado no sentido de "paz positiva", como justiça para todos e compartilhamento igualitário de poder, como defendeu Galtung[231]. De acordo com as estatísticas, 75.000 civis foram mortos no conflito, e 8,3% das vítimas eram mulheres[232]. As mulheres sofreram de várias maneiras, sendo alvos, estupradas, assassinadas, mas também perderam seus entes queridos, maridos, pais ou filhos, levados pela guerra. Portanto, a *Afghan Women's Network* está empenhada em tentar participar das negociações de paz. Um de seus apelos é: "exigimos que as mulheres afegãs, como metade da população do país, tenham uma participação significativa e efetiva em todos os estágios da paz no país e não sejam ignoradas nesse processo"[233].

Assim como para Galtung, para a associação de mulheres afegãs, paz significa justiça social, conforme afirmam: "Acreditamos que o fortalecimento da boa governança e a garantia do estado de direito levarão à igualdade, evitarão a discriminação e levarão à paz. Portanto, conclamamos o governo do Afeganistão a preparar o caminho para uma paz justa e duradoura no país, com maior ênfase no fortalecimento da boa governança, do

---

229 GOODHAND, J. Frontiers and Wars: The Opium Economy in Afghanistan = Fronteiras e guerras: a economia do ópio no Afeganistão. **Journal of Agrarian Change**, v. 5, n. 2, p. 211, 2005.

230 GOODHAND, J. Frontiers and Wars: The Opium Economy in Afghanistan = Fronteiras e guerras: a economia do ópio no Afeganistão. **Journal of Agrarian Change**, v. 5, n. 2, p. 214, 2005.

231 GALTUNG, J. Violence, Peace, and Peace Research. **Journal of Peace Research**, v. 6, n. 3, 1969.

232 AWN-AF.NET. **Afghan Women's Network** = Rede de Mulheres Afegãs. [online] 2019. Disponível em: http://awn-af.net/index.php/cms/press_detail/1524/12. Acesso em: 30 abr. 2019.

233 AWN-AF.NET. **Afghan Women's Network** = Rede de Mulheres Afegãs. [online] 2019. Disponível em: http://awn-af.net/index.php/cms/press_detail/1524/12. Acesso em: 30 abr. 2019.

estado de direito e da justiça". Portanto, sem a participação das mulheres nas negociações de paz, a paz pode se tornar menos provável no Afeganistão, como afirmaram Kaufman e Williams[234] com base em evidências que sugerem que a sociedade se beneficiará com a inclusão das mulheres em todos os aspectos do processo de paz, mas muitas vezes elas são impedidas de participar.

Na complexidade da guerra, embora as tropas dos EUA possam representar uma ameaça para os combatentes do Talibã, elas também podem representar alguma estabilidade específica para muitas mulheres afegãs. Elas têm medo dos insurgentes como governantes em um modelo de poder compartilhado para governar o país quando as tropas americanas deixarem totalmente o país, conforme o plano de retirada das tropas dos EUA anunciado pelo presidente americano Joe Biden em 2021. Com a volta do grupo Talibã no controle do país, para as mulheres significa o fim de sua liberdade[235]. Sem resolver suas queixas, a paz não poderá ser alcançada no Afeganistão, conforme declarou o grupo: "a solução para o conflito no Afeganistão deve ser alcançada por meios pacíficos. Portanto, nós, as mulheres do Afeganistão, apoiamos de todo o coração as negociações de paz entre todas as partes do conflito. No entanto, qualquer acordo de paz que exclua uma garantia firme de nossos direitos, que conquistamos por meio de ganhos difíceis de acesso e exercício nos últimos dezessete anos, será absolutamente inaceitável[236]."

Pensar em alcançar a paz como uma justiça para todos vinculada a outras áreas temáticas, abrangendo o social, o cultural, o político e o econômico, em um conceito mais amplo, como este trabalho vem dialogando, é um longo processo de construção

---

234 KAUFMAN, J.; WILLIAMS, K. Women, DDR and Post-Conflict Transformation: Lessons from the Cases of Bosnia and South Africa = Mulheres, DDR e transformação pós-conflito: Lições dos casos da Bósnia e da África do Sul. **Journal of Research in Gender Studies**, v. 5, n. 2, p. 14, 2015.
235 NORDLAND, R.; FAIZI, F.; ABED, F. **Afghan Women Fear Peace with Taliban May Mean War on Them** = Mulheres afegãs temem que a paz com o Talibã signifique guerra contra elas. [online] Nytimes.com, 2019. Disponível em: https://www.nytimes.com/2019/01/27/world/asia/taliban-peace-deal-women-afghanistan.html. Acesso em: 30 abr. 2019.
236 AWN-AF.NET. **Afghan Women's Network** = Rede de Mulheres Afegãs. [online] 2019. Disponível em: http://awn-af.net/index.php/cms/press_detail/1524/12. Acesso em: 30 abr. 2019.

da paz. Kaufman e Williams[237] lançam luzes sobre a necessidade de se ter em mente a relação entre o fim dos conflitos armados e da violência, o estabelecimento da paz e, mais significativamente, uma paz que possa garantir a segurança de mulheres e meninas, conforme reivindicado pelas mulheres afegãs que querem garantir seu lugar na sociedade e ser consideradas no processo de paz. O grupo Talibã prega o contrário e inclusive advoga pela não educação de mulheres e meninas. Como muitas teoristas feministas apontariam, as mulheres do país educadas e equipadas com conhecimento são vistas como ameaça pelo grupo radical, inclusive uma afronta ao controle e poder do Talibã pelo Afeganistão. É importante também refletir sobre os papéis que as mulheres afegãs desempenharam em nível de base e de comunidade durante um conflito que ajuda a proporcionar segurança na era[238] pós-conflito.

Embora este livro esteja explorando apenas dois casos dentre muitos outros relacionados às complexidades do conflito no Afeganistão, isso exemplifica como para alcançar e concretizar a paz é necessário pensar na paz, ou na paz positiva, como um conceito amplo que engloba diferentes áreas temáticas.

---

237 KAUFMAN, J.; WILLIAMS, K. Women, DDR and Post-Conflict Transformation: Lessons from the Cases of Bosnia and South Africa = Mulheres, DDR e transformação pós-conflito: Lições dos casos da Bósnia e da África do Sul. **Journal of Research in Gender Studies**, v. 5, n. 2, p. 42, 2015.
238 KAUFMAN, J.; WILLIAMS, K. Women, DDR and Post-Conflict Transformation: Lessons from the Cases of Bosnia and South Africa = Mulheres, DDR e transformação pós-conflito: Lições dos casos da Bósnia e da África do Sul. **Journal of Research in Gender Studies**, v. 5, n. 2, p. 42, 2015.

CONCLUSÕES

Conforme demonstrado nesta pesquisa, as PMCs têm o potencial de desestabilizar, até certo ponto, o sistema de segurança internacional. Está claro que essas empresas têm uma capacidade relativa de causar distúrbios, especialmente quando contratadas para lutar dentro ou para estados desonestos e falidos. Um erro de cálculo ou uma ação intencional pode desencadear guerras ainda mais prolongadas ou grandes conflitos. Portanto, olhando pelas lentes específicas da estrutura de segurança, as PMCs são vistas como uma ameaça à segurança humana, à emancipação e podem mudar substancialmente o curso dos acontecimentos, conforme analisado anteriormente no Iraque.

No entanto, as PMCs ainda não parecem ter alcançado o poder e a capacidade de mudar completamente o arranjo atual da ordem internacional e, em última instância, de travar uma guerra interestatal que altere o sistema de segurança global. No entanto, o movimento real do Estado de terceirizar algumas de suas funções, seguindo uma doutrina econômica neoliberal de redução de custos e geração de eficiência, pode mudar no futuro a concepção atual de Estados. E, a partir dessa perspectiva, a ordem global poderá ser alterada. Está claro que as PMCs e a terceirização da guerra são um processo contínuo e, sendo assim, todos os resultados são possíveis.

A natureza da guerra mudou, beneficiada pelos avanços tecnológicos e pela Revolução nos Assuntos Militares (RMA), reduzindo as tropas no solo, por exemplo. A ordem pós-1945 tem sido desafiada ultimamente pelo surgimento de novas grandes potências, como a China, a Índia e o Brasil. Portanto, o Estado também pode estar envolvido nesse processo de terceirização de seu monopólio da violência com as PMCs aliadas à mentalidade do Estado de reduzir seus riscos políticos e, ao mesmo tempo, buscar interesses nacionais no exterior.

Apesar desse fenômeno, que engloba uma abordagem multidisciplinar que reúne estudos de guerra, política, relações internacionais e economia, há também a necessidade de mudança em termos de lei para responsabilizar as PMCs ilegais. Vale a pena mencionar que nem todas as PMCs operam de forma obscura. Há algumas exceções. No entanto, uma regulamentação abrangente para as PMCs certamente obrigaria essas empresas a seguir deveres, responsabilidades, conduta ética e respeitar as leis internacionais e humanitárias. Talvez devido à falta de vontade política – já que as PMCs poderiam beneficiar as ambições eleitorais dos políticos – essa regulamentação internacional talvez nunca ocorra. Por outro lado, as PMCs podem exercer livremente seu trabalho, prejudicando estados, regiões, vidas e operando em um mercado obscuro, que ainda precisa ser entendido e analisado em profundidade.

Embora esteja provado que as PMCs podem causar algum tipo de desestabilização no sistema internacional, ainda falta compreensão da extensão dos danos que elas podem causar e que devem ser abordados em investigações futuras. Principalmente porque as lacunas na lei permitem que as PMCs operem e o verdadeiro poder de guerra dessas empresas permanece desconhecido. Os acadêmicos e pesquisadores geralmente se baseiam em estimativas das capacidades das PMCs e em pouquíssimas informações que vêm à tona após escândalos públicos, como o da bem armada e igualmente perigosa *Blackwater*.

Como a natureza da guerra mudou ao longo da história, pesquisas futuras devem incorporar não apenas os tópicos da literatura tradicional de Relações Internacionais, como capacidade militar, poder e ordem internacional, mas também a guerra cibernética, inteligência artificial (IA) e como as PMCs agirão usando essas ferramentas ainda não abordadas em estudos anteriores.

Por outro lado, conforme demonstrado neste livro, a paz só pode ser alcançada quando for abordada além de seus termos semânticos e além da conceituação como a antítese da "guerra"[239]. A paz precisa ser abordada e enfrentada sob o ângulo da "paz positiva", unindo uma análise mais abrangente da violência estrutural, da desigualdade estrutural e da distribuição desigual de poder para alcançar a justiça social e a distribuição igualitária dos recursos de poder[240]. Portanto, o desenvolvimento social e econômico deve ser abordado na tentativa de concretizar a paz. Além disso, a paz também precisa se expandir no sentido de

---

239 GOODHAND, J. From wars to complex political emergencies: Understanding conflict and peacebuilding in the new world disorder = De guerras a emergências políticas complexas. **Third World Quarterly**, v. 24, n. 1, p. 14, 1999.
240 GALTUNG, J. Violence, Peace, and Peace Research. **Journal of Peace Research**, v. 6, n. 3, p. 183, 1969.

justiça para todos e ser colocada como um passo para fora da dicotomia entre paz e guerra.

Dito isso, a afirmação *clausewitziana* de que "a guerra é uma mera continuação da política por outros meios", amplamente enraizada na tradição ocidental[241], é de fato precisa e plausível para explicar a guerra entre Estados e a guerra como parte da vida social. No entanto, após o fim da Guerra Fria até o período atual da história, a compreensão dos conflitos, da violência e das guerras exige a passagem por novas guerras e emergências políticas complexas, que mudaram a caracterização da guerra como era conhecida antes. Essa nova era exige uma análise focada nos aspectos culturais e sociais dos conflitos[242].

Portanto, compreendendo as características multifacetadas da nova guerra, que vão desde táticas de guerrilha, desestabilização de contrainsurgência, autofinanciamento até atividades ilegais e criminosas, é possível conceber por que há 65,6 milhões de pessoas deslocadas à força no mundo (ACNUR), a produção ilegal de ópio como responsável por até 32% do PIB do Afeganistão (UNODC) ou como o Estado Islâmico se tornou relativamente autossuficiente, lucrando US$ 1,2 bilhão[243].

As complexas emergências políticas tornaram difícil distinguir entre zonas de guerra e de paz[244]. Além disso, os métodos tradicionais de combate às guerras por si só não são mais eficazes para alcançar a paz no mundo atual, cercado por guerras complexas e lucrativas. Portanto, o reconhecimento desse fato leva à resposta de que a paz pode ser alcançada quando englobada por perspectivas econômicas, sociais, culturais, políticas e humanitárias, resultando em paz e justiça positivas para todos.

---

241   MANSFIELD, N. Theorising war: from Hobbes to Badiou = Teorizando a guerra: de Hobbes a Badiou. Basingstoke: Palgrave Macmillan, 2008.

242   GOODHAND, J. From wars to complex political emergencies: Understanding conflict and peacebuilding in the new world disorder = De guerras a emergências políticas complexas. **Third World Quarterly**, v. 24, n. 1, p. 14, 1999.

243   BLANNIN, P. Islamic State's Financing: Sources, Methods and Utilisation = Financiamento do Estado Islâmico: Fontes, métodos e utilização. **Counter Terrorist Trends and Analyses**, v. 9, n. 5, p. 13, 2017.

244   KALDOR, M. **New & Old Wars – Organised Violence in a Global Era** = Novas e Velhas Guerras – Violência Organizada em uma Era Global. Cambridge: Polity Press, 2001. p. 110.

POSFÁCIO

Guerra não é negócio

As guerras fazem parte da história dos seres humanos desde que existimos neste planeta. Embora eu acredite que não existam guerras boas em si, as piores são aquelas travadas com fins lucrativos.

Como uma pessoa que nasceu e cresceu em meio à guerra e como uma mulher afegã que perdeu muito e muitos entes queridos no conflito de quatro décadas em meu país, detesto a própria noção de qualquer esquema que permita ou legitime a privatização de guerras.

Há alguns anos, houve uma pressão de certas partes interessadas para privatizar a guerra no Afeganistão, especialmente do fundador da extinta empresa *Blackwater*, Erik Prince. Fiquei chocada com o fato de suas ideias de ter uma força mercenária lutando em meu país estarem sendo promovidas, quanto mais consideradas. Eu me opus às ideias do Sr. Prince naquela época e me oponho veementemente a elas agora.

Embora eu entenda o papel das empresas de segurança privada no fornecimento de apoio vital, como suprimentos, logística e trabalho de manutenção para os exércitos nacionais, seu envolvimento em combates apenas prolongará o conflito e intensificará a violência. Os soldados que lutam por lucro não estão vinculados a nenhuma lei nacional ou internacional ou a causas humanitárias. Seu interesse está em ganhar mais dinheiro e atingir as metas de receita de suas empresas. Isso é fundamentalmente errado, independentemente de quão sólidos sejam os argumentos definidos ou enquadrados em favor da privatização das guerras.

Mesmo que suponhamos que haja uma justificativa legítima para o envio de soldados da fortuna, digamos, para o meu país, o Afeganistão, para matar ou eliminar o Talibã, eles não conhecerão a geografia, o que apenas prolongará a guerra, causando mais causalidades e mortes de civis. Além disso, se esses soldados ou seus empregadores forem contratados hoje pelo governo afegão, eles poderão ser contratados no dia seguinte pelo Talibã, por atores regionais ou até mesmo por grupos terroristas. Quando o objetivo é o dinheiro e a causa é o aumento da receita, os soldados da fortuna podem optar por quem pagar mais.

Por fim, os soldados da fortuna estão vinculados apenas à quantidade de receita que podem gerar, e não a quaisquer leis ou votos de proteger vidas, defender uma ideologia democrática ou defender uma causa comum. O interesse dos soldados será manter a guerra para ganhar mais dinheiro, o que abrirá a porta para mais brutalidade e crimes de guerra.

O livro, *"The Private Military Companies and Outsourcing of War: Re-examining the Political Rationale Towards Peace"* (Empresas Militares Privadas e a Terceirização da Guerra: Reexaminando a Lógica Política Rumo à Paz), aponta corretamente as falhas na privatização da guerra ou no destacamento de soldados da fortuna para lutar em guerras com fins lucrativos. A guerra não é um negócio e nunca deve ser travada por dinheiro. Não podemos evitar as guerras, mas podemos nos certificar de que elas sejam travadas para proteger vidas, defender os valores humanos e preparar o caminho para uma paz duradoura.

Fawzia Koofi
Membro do Parlamento do Afeganistão
Presidente da Comissão de Mulheres,
Sociedade Civil e Direitos Humanos

Biografia de Fawzia Koofi

Fawzia Koofi é membro da Equipe de Negociação de Paz, representando a República Islâmica do Afeganistão. Ela fez sua jornada de liderança em um país com conflitos internos. Após concluir seu bacharelado, ingressou em uma concorrida faculdade de medicina. Porém, logo depois, o Talibã assumiu o poder em setembro de 1995 e impediu o acesso das mulheres a qualquer tipo de educação!

Ao ver as portas de uma universidade fechadas para ela, Fawzia concentrou sua energia em organizações de direitos das mulheres. Ela trabalhou de perto com um dos grupos mais vulneráveis, como os deslocados internos (IDP), e com mulheres e crianças marginalizadas. Após a queda do Talibã, ela continuou a estudar na faculdade de Direito no turno da noite, enquanto ainda trabalhava com o UNICEF Afeganistão na área de direitos das mulheres e das crianças. Fawzia acabou obtendo seu diploma de bacharel pela Universidade de Cabul na Faculdade de Direito e Ciências Políticas. Seu mestrado em relações internacionais foi obtido na Geneva *School of Diplomacy*, na Suíça.

O histórico político familiar de Fawzia e sua orientação para o serviço público a impulsionaram a aproveitar as novas oportunidades que estavam abrindo caminho para muitas mulheres. Ela decidiu concorrer a uma vaga no parlamento, representando a província de Badakhshan. Fawzia foi eleita como membro do parlamento dessa província em setembro de 2005, logo após o primeiro parlamento eleito em 33 anos. Além disso, ela foi eleita a primeira mulher a ocupar o cargo de segunda vice-presidente do Parlamento na história do Afeganistão.

Algumas das principais iniciativas femininas que ela defendeu incluem a melhoria das condições de vida das mulheres nas prisões afegãs, por meio da aprovação de resoluções. Graças a seus esforços, foi criada uma comissão para trabalhar na questão da violência contra crianças. A comissão foi presidida pelo primeiro vice-presidente do Afeganistão. Fawzia apresentou muitas propostas progressistas de proteção a mulheres e crianças, incluindo a lei sobre violência contra mulheres, a lei contra assédio a mulheres e crianças, a lei da criança e contribuiu para a legislação que garante a proteção dos direitos humanos dos cidadãos. Ela promoveu a educação de mulheres e meninas defendendo o acesso a boas escolas, além de criar oportunidades de educação não formal para crianças que não frequentam a escola em seus eleitores, na província de Badakhshan.

Ela é autora de *Letters to My Daughters* e do livro *Favorite Daughter*, que é sua autobiografia. Em 2016, ela foi eleita presidente do Comitê de Direitos Humanos da IPU. A IPU trabalha para promover a democracia e a paz em todo o mundo.

Fawzia Koofi foi intitulada como Jovem Líder Global pelo Fórum Econômico Mundial, Mente Destemida de 2013 pela *Times Magazine* e muito mais. Além disso, ela recebeu muitos prêmios de prestígio, incluindo *Women of Knowledge*, Minerva e muitos outros.

Ela é a líder de um partido político recém-criado chamado *Movement for Change in Afghanistan*. Fawzia foi recentemente indicada para o Prêmio Nobel da Paz, o que é uma grande conquista.

ISENÇÃO DE RESPONSABILIDADE

Conflito de interesses: O autor não tem conflito de interesses a declarar.

Divulgação financeira: o autor declarou que este estudo não recebeu nenhum apoio financeiro.

Esclarecimento: a primeira versão deste livro chamada de *The Private Military Companies and Outsourcing of War: Re-examining the Political Rationale Towards Peace* foi lançada mundialmente em 2022 no idioma inglês.

REFERÊNCIAS

ACADEMI.COM. **Academi**. [Online]. 2019. Disponível em: https://www.academi.com/. Acesso em: 19 fev. 2020.

AUDITORIA Conjunta do Contrato e Ordens de Tarefa da Blackwater para Serviços de Proteção Pessoal Mundial no Iraque. **Escritório do Inspetor Geral Especial para a Reconstrução do Iraque**. [Online]. 2009. Disponível em: https://apps.dtic.mil/dtic/tr/fulltext/u2/a508739.pdf. Acesso em: 19 jan. 2020.

AWN-AF.NET. **Afghan Women's Network** = Rede de Mulheres Afegãs. [online]. 2019. Disponível em: http://awn-af.net/index.php/cms/press_detail/1524/12. Acesso em: 30 abr. 2019.

AYOOB, M. Security in The Third World: The Worm About to Turn? = Segurança no Terceiro Mundo. **International Affairs**, v. 60, n. 1, p. 41-51, 1983.

BALDWIN, D. Security Studies and the End of the Cold War = Estudos de Segurança e o Fim da Guerra Fria. **World Politics**, v. 48, n. 1, p. 117-141, 1995.

BLANNIN, P. Islamic State's Financing: Sources, Methods and Utilisation = Financiamento do Estado Islâmico: Fontes, métodos e utilização. **Counter Terrorist Trends and Analyses**, v. 9, n. 5, p. 13-22, 2017.

BOOTH, K. Security and Emancipation = Segurança e Emancipação. **Review of International Studies**, v. 17, n. 4, p. 313-326, 1991.

BOOTH, K.; SMITH, S. **Critical Security Studies and World Politics**. Boulder, Colorado: Lynne Rienner Publishers, 2005.

BUZAN, B. **People, States & Fear**: An Agenda for International Security Studies in the Post-Cold War Era = Pessoas, Estados e

Medo: Uma Agenda para Estudos de Segurança Internacional na Era Pós-Guerra Fria. 2. ed. Colchester: Ecpr Press, 2007.

BUZAN, B.; WAEVER, O.; WILDE, J. **Security**: A New Framework for Analysis = Segurança: Uma Nova Estrutura para Análise. Boulder, Colorado: Lynne Rienner, 1998.

CARTER JR., J. **The Tooth to Tail Ratio**: Considerations for Future Army Force Structure. [Online]. Apps.Dtic.Mil, 1997. Disponível em: https://Apps.Dtic.Mil/Dtic/Tr/Fulltext/U2/A326318.pdf. Acesso em: 16 fev. 2020.

CHRISTIE, R. Critical Voices and Human Security: To Endure, To Engage Or To Critique? = Vozes Críticas e Segurança Humana. **Security Dialogue**, v. 41, n. 2, p. 169-190, 2010.

CHULOV, M.; SAFI, M. Our blood is cheaper than water: anger in Iraq over Trump pardons. [online]. **The Guardian**, 2020. Disponível em: https://www.theguardian.com/us-news/2020/dec/23/our-blood-is-cheaper-than-water-iraqis-anger-over-trump-pardons. Acesso em: 16 maio 2021.

CLAUSEWITZ, C. **On War**. Londres: K. Paul, Trench, Trubner, 1918.

COKER, C. Outsourcing War. **Cambridge Review of International Affairs**, v. 13, n. 1, p. 95-113, 1999.

COMITÊ Internacional da Cruz Vermelha. **Documento de Montreux sobre empresas militares e de segurança privadas**. [Online]. 2019. Disponível em: https://www.icrc.org/en/publication/0996-montreux-document-private-military-and-security-companies. Acesso em: 15 jan. 2020.

DELMAS-MARTY, Mireille. **Ordering Pluralism**: A Conceptual Framework for Understanding The Transnational Legal World = Uma Estrutura Conceitual para Compreender o Mundo Jurídico Transnacional. Tradução: Naomi Norberg. Oxford e Portland, Oregon: Hart Publishing, 2009.

DOD. **Governo de Defesa**. [Online]. 2019. Disponível em: https://Dod.Defense.Gov/Portals/1/Documents/Pubs/2018-National-Defense-Strategy-Summary.pdf. Acesso em: 10 jan. 2020.

DUFFIELD, M.; DONINI, A. **Global Governance and the New Wars – The Merging of Development and Security** = Governança Global e as Novas Guerras – A Fusão do Desenvolvimento e da Segurança. Nova York: Zed Book, 2014.

DUFFIELD, M. War as a Network Enterprise: The New Security Terrain And Its Implications. **Cultural Values**, v. 6, p. 1-2, p. 153-165, 2002.

EUA. Perdão de Trump a empreiteiros da Blackwater no Iraque viola o direito internacional – ONU. [online] 2020. Disponível em: https://www.reuters.com/article/us-iraq-blackwater-un-idUSKBN294108. Acesso em: 16 maio 2021.

FITZSIMMONS, S. Wheeled Warriors: Explaining Variations in The Use of Violence By Private Security Companies In Iraq = Explicando as variações no uso da violência por empresas de segurança privada no Iraque. **Estudos de Segurança**, v. 22, n. 4, p. 707-739, 2013.

FORBES. **Richard DeVos e família**. [online]. 2018. Disponível em: https://www.forbes.com/profile/richard-devos/?list=forbes-400&sh=485f21d1ff44. Acesso em: 16 maio 2021].

FULLOON, M. Non-State Actor: Defining Private Military Companies = Definição de empresas militares privadas. **Strategic Review for Southern Africa**, v. 37, n. 2, p. 29-51, 2015.

GAFAROV, O. Rise of China's Private Armies = Ascensão dos exércitos privados da China. **Chatham House**, 2019. Disponível em: https://www.chathamhouse.org/publications/twt/rise--china-s-private-armies. Acesso em: 17 mar. 2020.

GALTUNG, J. Violence, Peace, and Peace Research. **Journal of Peace Research**, v. 6, n. 3, p. 167-191, 1969.

GLASER, C. A Flawed Framework: Why the Liberal International Order Concept Is Misguided = Por que o conceito de ordem internacional liberal é equivocado. **Segurança Internacional**, v. 43, n. 4, p. 51-87, 2019.

GLASIUS, M. Human Security from Paradigm Shift To Operationalization: Job Description For A Human Security Worker = Segurança Humana da Mudança de Paradigma à Operacionalização. **Security Dialogue**, v. 39, n. 1, p. 31-54, 2008.

GLOBALPOLICY.ORG. **Regulamentação e supervisão de Pmscs**. 2019. Disponível em: https://www.globalpolicy.org/pmscs/50211-regulation-and-oversight-of-pmscs.html. Acesso em: 15 fev. 2020.

GOGA, R. Privatization of Security in The 20th Century = Privatização da Segurança no Século XX. From Mercenaries to Private Military Corporations = De Mercenários a Corporações Militares Privadas. **Studia Universitatis Babeș-Bolyai Studia Europaea**, v. 63, n. 1, p. 251-264, 2018.

GOODHAND, J. From wars to complex political emergencies: Understanding conflict and peacebuilding in the new world disorder = De guerras a emergências políticas complexas. **Third World Quarterly**, v. 20, n. 1, p. 13-26, 1999.

GOODHAND, J. Frontiers and Wars: The Opium Economy in Afghanistan = Fronteiras e guerras: a economia do ópio no Afeganistão. **Journal of Agrarian Change**, v. 5, n. 2, p. 191-216, 2005.

GORTZAK, Y. How Great Powers Rule: Coercion and Positive Inducements In International Order Enforcement. **Security Studies**, v. 14, n. 4, p. 663-697, 2005.

HAMMERSLEY, M.; FOSTER, P.; GOMM, R.; ECKSTEIN, H. **Case Study Method**. Londres: Sage, 2000.

HARARI, Y. Há uma coisa mais lucrativa do que a guerra: A paz. [online]. **haaretz.com**. 2012. Disponível em: https://www.haaretz.com/analysis-the-end-of-war-1.5268517. Acesso em: 30 abr. 2019.

HAUG, K.; MAAØ, O.; STRACHAN, H. Conceptualising Modern War = Conceituando a guerra moderna. 2. ed. Londres: C. Hurst & Co., 2012.

HENG, Y. The 'Transformation of War' Debate: Through the Looking Glass Of Ulrich Beck's World Risk Society. **International Relations**, v. 20, n. 1, p. 69-91, 2006.

HENNIGAN, W. http://time.com. [online]. Time, 2019. Disponível em: http://time.com/5534783/iron-tempest-afghanistan-opium/. Acesso em: 30 abr. 2019.

ICOCA.Ch. Membership. Icoca – International Code of Conduct Association. 2019. Disponível em: https://www.icoca.ch/en/membership. Acesso em: 16 fev. 2020.

KALDOR, M. In Defence of New Wars. **Stability**: International Journal of Security and Development, v. 2, n. 1, 2013.

KALDOR, M. **New & Old Wars – Organised Violence in a Global Era** = Novas e Velhas Guerras – Violência Organizada em uma Era Global. Cambridge: Polity Press, 2001.

KALYVAS, S. "New" And "Old" Civil Wars: A Valid Distinction? **World Politics**, v. 54, n. 1, p. 99-118, 2001.

KAUFMAN, J.; WILLIAMS, K. Women, DDR and Post-Conflict Transformation: Lessons from the Cases of Bosnia and South Africa = Mulheres, DDR e transformação pós-conflito: Lições dos casos da Bósnia e da África do Sul. **Journal of Research in Gender Studies**, v. 5, n. 2, p. 11-53, 2015.

MALEŠEVIĆ, S. The Sociology of New Wars? Assessing the Causes and Objectives of Contemporary Violent Conflicts = Avaliando as causas e os objetivos dos conflitos violentos contemporâneos. **International Political Sociology**, v. 2, n. 2, p. 97-112, 2008.

MANSFIELD, N. **Theorising war**: from Hobbes to Badiou = Teorizando a guerra: de Hobbes a Badiou. Basingstoke: Palgrave Macmillan, 2008.

MCGRATH, J. **The Other End of The Spear**: The Tooth-To-Tail Ratio (T3r) In Modern Military Operation = A outra ponta da lança. [Online]. Apps.Dtic.Mil., 2007. Disponível em: https://apps.dtic.mil/dtic/tr/fulltext/u2/a472467.pdf. Acesso em: 16 jan. 2020.

MEROM, G. The Age of Asocial War: Democratic Intervention and Counterinsurgency In The Twenty-First Century = A Era da Guerra Asocial: Intervenção Democrática e Contrainsurgência no Século XXI. **Australian Journal of International Affairs**, v. 66, n. 3, p. 365-380, 2012.

MONTREUX Document on Pertinent International Legal Obligations and Good Practices for States Related to Operations of Private Military and Security Companies During Armed Conflict = Documento de Montreux sobre Obrigações Jurídicas Internacionais Pertinentes e Boas Práticas para os Estados Relacionadas às Operações de Empresas Militares e de Segurança Privadas Durante Conflitos Armados: Montreux, 17 de setembro de 2008. **Journal of Conflict and Security Law**, v. 13, n. 3, p. 451-475, 2008.

MUNRO, L. Strategies to Shape the International Order: Exit, Voice and Innovation Versus Expulsion, Maintenance and Absorption = Estratégias para moldar a ordem internacional: Saída, voz e inovação versus expulsão, manutenção e absorção. **Revista Canadense de Estudos do Desenvolvimento** = Revue Canadienne D'études du Développement, v. 39, n. 2, p. 310-328, 2017.

NORDLAND, R.; FAIZI, F.; ABED, F. **Afghan Women Fear Peace with Taliban May Mean War on Them** = Mulheres afegãs temem que a paz com o Talibã signifique guerra contra elas. [online]. Nytimes.com. 2019. Disponível em: https://www.nytimes.com/2019/01/27/world/asia/taliban-peace-deal-women-afghanistan.html. Acesso em: 30 abr. 2019.

OGLEY, R. C. `Peace`. **Outhwaite & Bottomore**, The Blackwell Dictionary of Modern Social Thought, p. 464-465, 2006.

OGLEY, R. C. `War`. **Outhwaite & Bottomore**, The Blackwell Dictionary of Modern Social Thought, p. 728-731, 2006.

OHCHR.ORG. **OHCHR** | Perdões dos EUA para guardas da Blackwater uma "afronta à justiça" – especialistas da ONU. [online]. 2020. Disponível em: https://www.ohchr.org/EN/NewsEvents/Pages/DisplayNews.aspx?NewsID=26633&LangID=E. Acesso em: 16 maio 2021.

OWEN, J. How Liberalism Produces Democratic Peace = Como o liberalismo produz a paz democrática. **International Security**, v. 19, n. 2, 1994.

PERVEZ, F. **Blackwater**: Can't Stop, Won't Stop. Foreign Policy In Focus. [Online]. 2010. Disponível em: https://gold.idm.oclc.org/login?url=https://search.proquest.com/docview/746785187?accountid=11149. Acesso em: 18 jan. 2020.

POSNER, Eric. **The Twilight of Human Rights Law** = O Crepúsculo da Lei de Direitos Humanos. Oxford: Oxford University Press, 2014.

PRINCE, E. **Civilian Warriors**: The Inside Story of Blackwater And The Unsung Heroes Of The War On Terror = Guerreiros civis: a história interna da Blackwater e os heróis desconhecidos da guerra contra o terrorismo. Nova York: Penguin, 2014.

REFUGEES, U. **Figures at a Glance** = Números em um relance. [online]. ACNUR, 2019. Disponível em: https://www.unhcr.org/figures-at-a-glance.html [Acessado em 27 abr. 2019].

RESOLUÇÃO 68/262 da Assembleia Geral, Integridade Territorial da Ucrânia, A/Res/68/262. mar. 2014. Disponível em: https://undocs.org/a/res/68/262.

REYNOLDS, N. Are Russia's Mercenaries A Threat to U.S. Interests? **Carnegie Endowment for International Peace** [Online], 2019. Disponível em: https://carnegieendowment.org/2019/07/17/are-russia-s-mercenaries-threat-to-u.s.-interests-pub-79493. Acesso em: 16 jan. 2020.

REYNOLDS, N. Putin's Not-So-Secret Mercenaries: Patronage, Geopolitics, And the Wagner Group. **Carnegie Endowment for International Peace** [Online], jul. 2019. Disponível em: https://carnegieendowment.org/2019/07/08/putin-s-not-so-secret-mercenaries-patronage-geopolitics-and-wagner-group-pub-79442. Acesso em: 16 ago. 2019.

RICHARDS, P. **Fighting for the Rain Forest – War, Youth & Resources in Sierra Leone** = Lutando pela Floresta Tropical – Guerra, Juventude e Recursos em Serra Leoa. 6. ed. Oxford: Internat, African Inst. em associação com James Currey, 2008.

RIGHT WEB – Instituto de Estudos Políticos. Academi Llc (anteriormente Xe e Blackwater Worldwide). **Right Web – Institute for Policy Studies**. [Online]. 2019. Disponível em: http://rightweb.irc-online.org/profile/blackwater_worldwide/#_edn16. Acesso em: 19 jan. 2020.

SCAHILL, J. Blackwater Founder Remains Free and Rich While His Former Employees Go Down On Murder Charges = Fundador da Blackwater permanece livre e rico enquanto seus ex-funcionários são acusados de assassinato. [Online]. **The Intercept**, 2014. Disponível em: https://theintercept.com/2014/10/22/blackwater-guilty-verdicts/. Acesso em: 19 jan. 2020.

SINGER, P. **Corporate Warriors – The Rise of The Privatized Military Industry** = Guerreiros Corporativos – A Ascensão da Indústria Militar Privatizada. Ithaca, N.Y.: Cornell University Press, 2008.

STRACHAN, H.; HERBERG-ROTHE, A.; MÜNKLER, H. **Clausewitz In The Twenty-First Century**. Oxford: Oxford University Press, 2007.

TAHIR, T. How World's Next Global Power Could Be A Private Army Of Mercenaries = Como a próxima potência global do mundo pode ser um exército privado de mercenários. [Online] **The Sun**, 2019. Disponível em: https://www.thesun.co.uk/news/8479911/how-worlds-next-global-power-could-be-a-private-army-amid-fears-russia-is-about-to-unleash-mercenary-battalions-in-venezuela/. Acesso em: 17 jan. 2020.

TICKNER, J. Feminist Responses to International Security Studies = Respostas feministas aos estudos de segurança internacional. **Peace Review**, v. 16, n. 1, p. 43-48, 2004.

TRAYNOR, I. Special Investigation: The Privatisation of War = Investigação especial: A privatização da guerra. [Online]. **The Guardian**, 2019. Disponível em: https://www.theguardian.com/world/2003/dec/10/politics.iraq. Acesso em: 3 jan. 2020.

TUCKER, E. Após perdão, guarda da Blackwater desafia: 'Agi corretamente'. [online]. **AP NEWS**, 2021. Disponível em: https://apnews.com/article/donald-trump-shootings-baghdad-only--on-ap-iraq-7b3e202ac353db544180fb2a61d2902c. Acesso em: 16 maio 2021.

UNODC.ORG. **A produção recorde de ópio do ano passado no Afeganistão ameaça o desenvolvimento sustentável, revela a última pesquisa**. [online]. 2018. Disponível em: https://www.unodc.org/unodc/en/frontpage/2018/May/last-years-record-opium-production-in-afghanistan-threatens-sustainable-development--latest-survey-reveals.html. Acesso em: 29 abr. 2019.

WARONWANT.ORG. **Mercenaries Unleashed – The Brave New World of Private Military and Security Companies**. [Online]. 2016. Disponível em: https://waronwant.org/sites/default/files/mercenaries%20unleashed%2c%202016.pdf. Acesso em: 20 jan. 2020.

WARREN, D.; BIANCO, M. A. **Opportunities to Improve Processes for Reporting, Investigating, And Remediating Serious Incidents Involving Private Security Contractors In Iraq =** Oportunidades para melhorar os processos de notificação, investigação e remediação de incidentes graves envolvendo contratados de segurança privada no Iraque. Escritório do Inspetor Geral Especial para a Reconstrução do Iraque, SIGIR 09-019, 30 de abril de 2009. SIGIR 09-019, Arlington, VA.

WELCH, M. Fragmented Power and State-Corporate Killings: A Critique of Blackwater In Iraq. **Crime, Law and Social Change**, v. 51, n. 3-4, p. 351-364, 2008.

YEOMAN, B. Soldiers of Good Fortune = Soldados da Boa Fortuna. [Online]. **Mother Jones**, 2019. Disponível em: https://www.motherjones.com/politics/2003/05/soldiers-good-fortune/ Acesso em: 28 jan. 2020.

ÍNDICE REMISSIVO

A

Afeganistão 11, 27, 33, 55, 59, 67, 75, 82, 83, 89, 90, 91, 92, 93, 97, 99, 100, 101, 102, 108, 113

B

Blackwater 11, 32, 66, 67, 68, 69, 70, 71, 72, 73, 74, 75, 96, 99, 109, 111, 112, 113, 114

C

Comércio de armas 14, 20, 26, 76
Conflitos armados 29, 30, 59, 61, 64, 72, 93, 110

D

Direitos humanos 13, 14, 15, 16, 17, 19, 23, 29, 44, 49, 60, 64, 65, 72, 73, 76, 100, 102, 111

E

Empresas militares privadas 4, 15, 18, 24, 27, 31, 32, 35, 36, 40, 57, 62, 67, 68, 69, 76, 100, 107, 118
Estados Unidos 15, 24, 25, 26, 38, 40, 41, 44, 46, 55, 56, 58, 59, 67, 70, 89, 90, 117, 118

M

Mercenários 29, 36, 40, 56, 59, 60, 62, 64, 66, 69, 70, 71, 72, 74, 75, 108, 113

N

Nações Unidas 13, 14, 17, 22, 26, 29, 30, 32, 48, 64, 80, 83

P

Paz 3, 4, 11, 13, 14, 15, 16, 17, 18, 19, 20, 21, 22, 23, 24, 25, 26, 28, 29, 32, 33, 37, 56, 60, 61, 68, 71, 73, 77, 78, 80, 81, 82, 83, 84, 85, 86, 87, 88, 89, 90, 91, 92, 93, 96, 97, 100, 101, 102, 108, 111, 118

Privatização da guerra 31, 39, 40, 41, 56, 62, 100, 113

R

Relações internacionais 4, 7, 23, 27, 38, 39, 45, 46, 47, 95, 96, 101, 117, 118

S

Sistema de segurança internacional 28, 31, 32, 42, 53, 59, 66, 67, 95

T

Terceirização da guerra 4, 15, 18, 24, 27, 31, 32, 54, 55, 56, 57, 58, 63, 65, 95, 100, 118

V

Violência 13, 14, 15, 18, 20, 23, 31, 33, 35, 37, 39, 41, 57, 61, 73, 77, 78, 79, 81, 82, 83, 84, 86, 93, 95, 96, 97, 99, 102, 107, 109

SOBRE O AUTOR

Renan de Souza
Jornalista e internacionalista

Renan de Souza é um profissional premiado internacionalmente, nascido em Santo André (SP), com mais de 15 anos de experiência nas áreas de Jornalismo, Comunicação e Relações Internacionais. Com uma carreira global, já visitou mais de 70 países e desempenhou papéis de destaque em veículos de mídia internacional e em órgãos governamentais ao redor do mundo. Seu trabalho é marcado por uma abordagem estratégica, analítica, ética e pragmática, sempre buscando oportunidades de cooperação internacional e excelência em comunicação.

Atualmente, trabalha para o CNBC no Brasil. Anteriormente, Renan foi analista de assuntos internacionais na CNN Brasil, onde se destacou por suas análises aprofundadas sobre política externa, diplomacia e segurança global – e ganhou destaque na cobertura das Eleições Americanas em 2020 e no início da Guerra na Ucrânia. Além disso, trabalhou por mais de oito anos na equipe de internacional do jornalismo do SBT, liderou uma equipe a correspondentes internacionais e participou de grandes coberturas internacionais, como o Conclave no Vaticano, Eleições Americanas, Cobertura dos Ataques Terroristas em Paris e, como enviado especial aos Estados Unidos, foi o produtor do *breaking news* mundial do SBT que relevou a real motivação do atirador da boate em Orlando (2016).

Entre suas conquistas mais notáveis, Renan recebeu a concorrida bolsa de estudos *Chevening*, concedida pelo governo britânico para estudar seu mestrado no Reino Unido, além de ter recebido o *Prêmio Media Co-Ops* do Departamento de Estado dos EUA para a produção reportagens televisivas no país. Em 2020, foi nomeado uma das pessoas mais influentes de ascendência africana pelo MIPAD (*Most Influential People of African Descent*), uma iniciativa apoiada pela ONU e recebeu o prêmio como um dos 100 mais influentes do mundo com menos de 40 anos em 2024 na cidade de Nova York.

Renan de Souza possui uma formação acadêmica sólida e diversificada, com ênfase em Relações Internacionais e Jornalismo. Ele estudou em Londres, no Reino Unido, onde se tornou mestre em Relações Internacionais pela *Goldsmiths University of London*, e se especializou em política, segurança internacional, conflito e desenvolvimento global. Também possui uma pós-graduação em Relações Internacionais pela Fundação Armando Alvares Penteado (FAAP), em São Paulo, e um bacharelado em Comunicação Social – Jornalismo pela Universidade Metodista de São Paulo. Ele também participou de treinamentos internacionais em instituições renomadas, como a *SOAS University of London*, em Israel, na Rússia e Estados Unidos. O jornalista é fluente em inglês e espanhol, com habilidades em francês e árabe.

Os artigos acadêmicos de Renan de Souza são publicados em universidades de renome global, como na Universidade de São Paulo. Em 2022, o jornalista lançou o livro em inglês *"Private Military Companies And The Outsourcing Of War – Re-Examining The Political Rationale Towards Peace"*, que entrou na lista dos mais vendidos online na categoria de política internacional e guerra. O livro ganhou uma inédita versão em português chamada *"Empresas militares privadas e a terceirização da guerra: reexaminando a justificativa política para a paz"* e em espanhol chamada de *"Empresas militares privadas y la subcontratación de la guerra: reexaminar la lógica política hacia la paz"*, com distribuição para toda América Latina, Espanha e EUA.

SOBRE O LIVRO
Tiragem: 1000
Formato: 14 x 21 cm
Mancha: 10,3 x 17,3 cm
Tipologia: Times New Roman 10,5 | 11,5 | 13 | 16 | 18
Arial 8 | 8,5
Papel: Pólen 80 g (miolo)
Royal | Supremo 250 g (capa)